明治図書

世界一わかりやすい！

会話形式で学ぶ、図画工作科の授業づくり

文部科学省教科調査官
岡田京子 著

はじめに

これまで、全国各地で図画工作科の授業を拝見してきました。

夢中になって取り組む子供、立ち止まって考えている子供、つくりだした形や色に驚く子供、つくりだす喜びにあふれた子供、たくさんの子供たちとの出会いがありました。

そのそばには必ず、子供に寄り添い、励まし続ける先生方がいました。

ともに語り合い、よりよい授業を求め続ける先生方がいました。

本書は、そんな先生方との出会いから、「図画工作科の授業づくりについて、先生の方向からスポットを当て、先生方の日常の姿と重ね合わせながら伝えられないだろうか」と考えたものです。

登場するのは、五年生の担任のミサキ先生、ユウキ先生、サクラ先生です。

ミサキ先生は、ピカピカの一年目の先生です。やる気に満ち溢れています。

ユウキ先生は、五年目の先生。図画工作や美術の知識や経験もある先生です。

サクラ先生は、多くの経験のあるベテランの先生。子供のことをしっかり見つめることのできる先生です。

本書は、この三人の先生方の会話を中心に、展開していきます。

日々、うまくいくことばかりではなく、失敗もあります。

若い先生、中堅の先生、ベテランの先生、先生方を指導するお立場の方などが、「ある、ある、こんなこと」、「いる、いる、こんな先生」、「私だったらどうするだろう」など、それぞれのお立場からお読みいただき、三人と一緒に図画工作科の授業づくりについて考えていきましょう。

もくじ

第1章 子供の姿を思い浮かべながら、指導計画を立てる

第2章 題材の指導計画を立てる

第3章 子供の目線で準備をし、授業する

第4章　資質・能力を育成することを常に意識する

第5章　子供のよいところ、がんばっているところを見付ける

第6章 子供の学びを深める声かけをする

第7章 図画工作の授業をワンランクアップする

●登場人物紹介●

ミサキ先生

ピカピカの一年目の先生。やる気に満ち溢れています。何もかもが初めてで、ちょっぴり怖いもの知らず。

「子供たち、図画工作でどんな活動をするのかな。楽しみ！」

ユウキ先生

五年目の先生。大学で美術を勉強していたので、図画工作についての知識をたくさんもっています。

「図画工作のことなら、僕に任せてください！」

サクラ先生

図画工作の授業の経験がとっても豊富なベテランの先生。子供のことをしっかり見つめることのできる先生です。

「子供の力を伸ばせるように、今年もまたがんばらなくっちゃ！」

第 1 章

子供の姿を思い浮かべながら，指導計画を立てる

最初の題材を考えよう

春休みです。

今日は三人で、全ての教科等の年間指導計画を見ながら、五年生の一年間の見通しを立てています。午前中に音楽科まで終わり、午後からは図画工作科です。

年間指導計画は、前学年末に五年生を担任していた先生方が作成したものです。ミサキ先生とユウキ先生は、サクラ先生が来るまで、年間指導計画に目を通しています。

何を話しているのかな。

ミサキ：次は図画工作ですね。私、小学校の図画工作も、中学校の美術も、苦手でした。

ユウキ：僕は大学で美術をやっていたので、得意です。教えてあげますよ。

ミサキ：ありがとうございます。四月はこの題材ですね。

ユウキ：用意するものは何かというと、絵の具と画用紙です。

二人が持ち物について話をしていると、サクラ先生がいらっしゃいました。

サクラ：年間指導計画に目を通していたのね。一年間はどんな流れになっていたかしら？

ユウキ：まだ見ていません。四月の題材を見て材料、用具のチェックをしていました。

サクラ：ありがとう。この題材は絵の具を使うのね。学年便りに書いておきますね。さて、今日はまず、全体の流れを見ていきましょうか。

　図画工作科は、二年間を見通して適切な指導計画を立てることが大事なの。目標も内容も、一・二年生、三・四年生、五・六年生のそれぞれ二年間で示しているから、やっぱり、年間指導計画を二年間分見て、その上でこの学年でどのような資質・能力を身に付けるのか、全体を理解する必要があるのよ。見通しをもつということね。まずは年間指導計画と学習指導要領にざっと目を通してみましょう。

学習指導要領を見てみよう

ミサキ先生とユウキ先生は、四月の題材から順番に考えていこうとしていました。
しかし、サクラ先生の「全体を見て、見通しをもつことが大切」との話から、ひとまず、最初の題材について考えるのはその後にすることにしました。

サクラ：私も昔は、一つの題材が終わったら、さあ次の題材はどうしようと、いつも慌てていました。追われていたって言ったほうが、いいかもしれないわね。
でも、見通しをもっていれば、「今やっているこの活動は、三学期のあの題材につながる」と考えられたり、材料や用具も早めに用意ができたりするのよ。

年度はじめは、特に忙しいから、ついつい四月のこと、一学期のことだけを考えがちだけれどね。

ユウキ：そう言われれば、その通りですね。
　ミサキ先生も一年目ですし、全体を見てみることにしましょう。

サクラ：では、学習指導要領を見てみましょう。
　新学習指導要領（※平成29年告示）では、資質・能力を三つの柱で整理しています。これは、他の教科等も同じなのよ。

ユウキ：図画工作科の教科の目標は、これですね。
　この、⑴が「知識及び技能」、⑵が「思考力、判断力、表現力等」、⑶が「学びに向かう力、人間性等」ということですね。

サクラ：全ての教科等の目標を覚えるのはなかなか難しいけれども、文章の構造もだいたい同じような感じになっているから、見比べる

と、その教科等で目指していることがわかるようになりますよ。

ミサキ：はい。

ユウキ：図画工作科の目標や内容はだいたいわかっているつもりですが、他教科等の目標は意識したことがなかったです。
僕も今度比べて見てみることにします。

サクラ：ユウキ先生は美術を学ばれていたっておっしゃっていましたものね。いろいろと教えてくださいね。

ユウキ：任せてください。

ミサキ：私もよろしくお願いします。

こうして、三人の先生方は、学習指導要領に目を通しながら、図画工作科の指導について考え始めました。

ポイント

学校の教育課程は、各学校で編成しますね。

そのときの基準となるものが「学習指導要領」です。

これは、全国のどの地域で教育を受けても、一定の水準の教育を受けられるようにするために定められています。


「学習指導要領」では、小学校、中学校、高等学校等ごとに、それぞれの教科等の目標や大まかな教育内容を定めています。

各学校では、この「学習指導要領」や年間の標準授業時数等を踏まえ、地域や学校の実態に応じて、教育課程を編成します。

教科の目標、各学年の目標及び内容を見てみよう

三人は学習指導要領を開き、第五学年及び第六学年のところを、確認しています。三人の様子を見ていきましょう。

ミサキ：教科の目標と学年の目標の(1)、(2)、(3)は、同じ構造ですよね。

図画工作科の学年の目標は、二学年ごとに示されているんですね。

私たちは五年生の担任だから、第五学年及び第六学年のところを見ればいいんですね。

ユウキ：教科の目標を見てから、第五学年及び第六学年の目標を見るということですね。なるほど。文章も同じような構造になっています。

でも、四年生の三月まではどんな目標で学んでいたんだろうと、三、四年生のと

ころも目を通したくなりますね。

こうやって見ていくと、全部読むことが必要なんじゃないですか？　でも、今読むのは、とてもじゃないけど時間がないですよ、ね、ミサキ先生。

ミサキ：他の教科等の準備もあるし、私は五、六年生のところだけで精一杯です。

サクラ：では、教科の目標と第五学年及び第六学年のところをまず読んでおきましょう。そして、全学年の目標や内容の一覧表を見ておきましょうか。

ユウキ：見比べると、どこが違うのかわかりますね。

学年の目標は、各学年で記述に差がある部分にアンダーラインを引くとわかりやすそうです。ほら、違いが一目瞭然ですよ。

ミサキ：ユウキ先生、見せてください。…ほんとですね。こうやって六年間を通して、子供の資質・能力を育成するんですね。

サクラ：そういうことね。その中の、五年生を私たちは受け持つということなんです。四年生を指導した先生から引き継いで、そして、六年生を指導する先生に引き継ぐの。

ミサキ：うわー、ずっしりきますね。身が引き締まる思いです。

ユウキ：僕も新年度なので、新たな気持ちでいます。でも、そんなに緊張しなくても大丈夫ですよ。

　内容を見ていきましょうか。

　学年の目標だけでは具体的な授業のイメージがしにくいかもしれないけれども、内容では「～の活動を通して」とあるので、イメージしやすいですよね。へー、なるほど、五、六年生は、こうなっているのか。

あれあれ。
ユウキ先生は「図画工作科の目標や内容はだいたいわかっています、と言っていましたが、「へー、なるほど」なんて言っています。新たな発見があったようですね。
サクラ先生は、学習指導要領に目を通している二人を、笑顔で見守っています。

ポイント

年度のはじめには、学習指導要領で、教科の目標、担当する学年の目標と内容を確認するとよいでしょう。

各学年の目標や内容は、低学年、中学年、高学年に分けて示されています。学習指導要領解説に掲載されている全体の表で、担当している学年と他の学年を比較してみることもできます。

各教科等の解説書もあります。

目標や内容などを解説しているものですが、特に内容の解説では、その指導事項の指導に当たって、どのようなことが大切なのかが解説されています。指導計画の作成と内容の取扱いについての解説もあります。

各学校で作成している年間指導計画と学習指導要領を照らし合わせてみると、理解が一層進むでしょう。

年間指導計画を見てみよう

三人は学習指導要領を確認し、そして年間指導計画に目を通し始めました。こういうステップを踏むことが大事なんですね。

ユウキ：年間指導計画を見ると、一年間の見通しが立ちますね。楽しそうな題材名ばかりだなあ。わくわくしてきます。子供たちにどうやって教えようかなあ。

ミサキ：私、ちゃんと教えられるでしょうか？

ユウキ：僕だって、別に全てが得意というわけではないですよ。でも、子供に教えるのは楽しいです。

サクラ：「どんなことするのかな」、と子供の姿を見ながら余裕をもってできるといいと言いますよ。私ぐらいの経験年数になっても、できるときとできないときがありますけど。

今はよくわからないかもしれないけれど、こうして全体の流れを見て教師が見通しをもつことは、思った以上に大切なんですよ。

ユウキ：一学期、二学期、三学期と、これぐらいの数の題材をするんですね。そういえば、さっき見た、学習指導要領の解説に、「指導計画の作成と内容の取扱い」ってありました。

サクラ：指導計画を作成するときに配慮することや、内容を取り扱うときの配慮について解説されているので、読んでおいた方がいいですね。それもページの後ろの方に表にまとめられています。ざっと確認しておいた方がいいですよ。

ミサキ：「指導計画作成上の配慮事項」の最初には、主体的・対話的で深い学びの実現に向けた授業改善のことが書いてあります。これは、大学で学びました。

ユウキ：絵や立体と、工作に配当する授業時数をおおよそ等しくするということも書いてありますね。なんとなくわかってやっていたけれども、ここに書いてあったんですか。知らなかった。

ミサキ：え？　絵や立体と、工作に配当する授業時数はそうなっているんですか。ちょっと待ってください。この年間指導計画を見てみます。

ほんとだ。だいたい同じ時数になっている。

ユウキ：うちの学校は、前年度末に、その学年の先生が作成してくれていて、それを参考に四月に見直すんです。ちゃんと押さえられていますね。

絵や立体、工作と、造形遊びのバランスもよく考えられていると思います。造形遊びも大事ですからね。

サクラ：材料や用具も押さえられているか確認しましょう。

ミサキ：高学年で新たに扱うのは、針金と糸のこぎりですね。一学期のこの題材と、二学期のこの題材で扱うことになっています。

サクラ：各学年で扱う材料や用具は、扱わないまま上の学年に進級したり、卒業したりすることがないように、計画的に考えることが大切なんです。

ユウキ：それから、ここの鑑賞の授業でゲストティーチャーとして地域の方をお呼びすることも案としてあります。これ、いいですね。

サクラ：ほんと、いいことね。地域の方と関わりをもちながら、子供を育てていくのは大切なことですからね。ミサキ先生、どうかしら？

ミサキ：そういうこともできるんですね。楽しみです。

ポイント

年間指導計画は、年度末に立てておく学校もありますし、新学期に立てる学校もあります。年度末に立ててある学校は、新学期になったら、その学年の先生が、子供の姿を思い浮かべながら見直してみましょう。

一年間を見通して、題材がどのように配列されているかを確かめながら、その題材のねらい、材料や用具、時間などを考えるとよいでしょう。

また、前学年でどのようなことをしたのか把握しておくことも大切です。年間指導計画通りにいかなかった箇所を確認し、生かすことも必要となります。

学級編成替えをした学年で、この学級はやっていて、この学級はやっていないなどということがないようにしたいものです。

他教科等との関連についても、年間指導計画を照らし合わせて見ていくようにしたいですね。

四月のはじめの題材は？　というところから話を始めた、ミサキ先生、ユウキ先生。

でも学習指導要領や年間指導計画に目を通して、全体を捉えることが大切だというサクラ先生の話を聞き、実際に三人で確認し合い、その重要性に気付きました。

さすがサクラ先生です。

その上で、最初の題材に戻り、具体的な題材の指導計画を考えていきます。

題材は、「想像したことから表したいことを思い付き、工夫して絵に表す」というものです。

さて、三人はどのように考えていくのでしょうか。

第 2 章

題材の指導計画を立てる

指導のねらいを明確にしよう

年間指導計画で全体が把握できた三人。

ここから、具体的な題材の指導計画に入っていきます。

サクラ：じゃあ、最初の題材を確認しておきましょう。最初は想像したことを絵に表す題材ね。さっき、絵の具が必要だって確認してくれていましたね。

ユウキ：それから、教室で行う設定になっているんですけど、図工室でもいいですよね。

サクラ：図工室の方が大判の画用紙を使うにはいいかもしれないですね。水入れを置く場所も確保できるし。

こうして年間指導計画を確認しながら、子供の活動の様子を思い浮かべて、指導を考えることはとても大切なことなのよ。

ユウキ：この題材は、発想や構想をすることが特に重要な題材です。流れはこのままでいいですよね。

ミサキ：どの授業もねらいを明確にしておくことが大事なんですね。

サクラ：図画工作は、かいたりつくったり見たりする活動を通して子供が学ぶので、ねらいを十分に考えておかないと、後で修正がききにくいんです。ユウキ先生のおっしゃるように、この題材は、想像したことから表したいことを見付けたり、どのように表すか考えたりする発想や構想をすることが大切です。

ミサキ：子供たち、どんなことを思い付くのかな。楽しみ！

サクラ：いいですね。さっき私が話した「子供の様子を思い浮かべて」というのは、そういうことですよ。

ミサキ：わぁ、嬉しいです。でも、そのために私はどういう指導をしたらよいのでしょうか。

サクラ：それ、大事よね。題材について考えるときに、どうしても子供がどのような活動をするのか、表現ではどのような作品ができるのかだけに意識が向いてしまうことがあるの。そうすると、「最初にこう、次にこう、最後にこうなってできあがり」のような手順だけを考えてしまいがちになるものなんですよ。

ユウキ：どのような作品ができるのかに多くの意識が向いてしまうと、子供の感性や情操などを大切にせず、こういう作品をつくるためにどのようにしたらよいのか、と考えてしまうんです。そして手順を事細かに示すことになってしまうんです。

僕も注意はしているんですけど、ついつい僕のイメージが強くなるので、子供が自分で考えたことに対して、「うーん、そうじゃなくて」「これはちょっと違うな」なんて、言っちゃうんです。わかってはいるんですけどね。

ミサキ：私はずっと、そういうことを言うのが図画工作の指導かと思っていました。違うんですね。

サクラ：子供の立場からすると、先生の指導の意味がわからない。でも子供は「そういうものか」と思ってしまう、または「へんなの」と思いながら付き合ってくれる。だから、その題材で、どのような資質・能力を育成するのかを明確にすることが大切なの。

ミサキ：わかりました。「指導のねらいを明確にすること」。ノートに書いておきます。

ユウキ：ねらいに基づいて、指導計画を立てることが大事なんです。

サクラ：では、はじめの題材なので、一緒に準備しながら考えましょうか。

ポイント

学習指導要領には、子供の資質・能力を育成するために、各学年の目標や内容が書いてあります。

学校では、その目標や内容の具現化を目指すために、子供に「題材」として示し、授業をすることになります。題材は、「内容や時間のまとまり」とも言えます。

子供とどんな活動をしようか、どんな作品をつくろうかと考えるのは楽しいことです。教科書にある題材はもちろんですが、いろいろと題材を考えるとよいでしょう。

その際、学習指導要領のどの指導事項に基づいて考えられているのか、どのような資質・能力の育成を目指しているのかを明確にしておくことが大切です。

それがあやふやになると、どうしても指導がぶれていきます。十分に子供の資質・能力を育成できないということになります。どのような資質・能力の育成を目指しているのかを明確にしておくことは、学習評価にもつながるとても重要なことなのです。

材料や用具、場所、授業の流れを考えよう

最初の題材。新学期、意欲満々な子供たちへの授業を、三人の先生方は考え始めました。

サクラ：指導のねらいは明確になったけれども、ここからも大事なのよ。具体的に、材料は何を用意して、場所はどのようにして、時間はどれぐらいで、そして教師はどのように子供に提案するかなど、まだまだ考えることがあるんです。でもこれをしっかりやっておけば準備はＯＫだから、一緒に考えましょう。

まず、材料や用具はどうしましょうか。

ユウキ：その日までに絵の具の道具を持ってくるようにと、子供に早めに伝えたほうがいいです。

子供って、用具が揃っているのと、揃っていないのとでは、活動への意欲が全く

違いますからね。

サクラ：ユウキ先生、子供のこと、よく見ていますね。

ユウキ：ありがとうございます。あと、画板を使いますか？　それとも机に新聞紙を敷きましょうか。

サクラ：画板が人数分あったら使いたいですね。あっても、他の学年が使わないか、後で確認しておきましょう。
　それから、先ほどユウキ先生が図工室で授業したほうがよいかもとおっしゃっていましたので、今回は図工室でやりましょうか。

ユウキ：はい。では、大まかな流れを確認します。
　さっき、学習指導要領の内容を見ましたよね。それに照らし合わせてみると、想像したことから表したいことを思い付いて、そしてどのように表すかについて考えて、絵の具で表し方を工夫して表すってことですね。
　最後に鑑賞の時間を設定しましょうか。

サクラ：鑑賞も設定したいわね。

ミサキ：はい。ねらいが明確になっただけでは、授業はできない。

こうして、材料や用具、場所、大きな流れなどについても考える必要があるんですね。

ユウキ：そうです。

それから、発問についても考える必要がありますね。

行き当たりばったりでは、いい授業はなかなかできないんですよ。

ポイント

材料や用具は、学習のねらいとともに、これまでの経験、その題材の総時間数、場所などとの関係で考えることが大切です。例えば、教室で四つ切りの画用紙を使って、水彩絵の具で絵をかく場合、水入れをどこに置くのかなども考える必要があります。材料の量も大切です。子供が試したりつくりなおしたりできる量は必要ですが、毎回やたら多ければいいというわけでもありません。それは造形遊びのときも同じです。場所は、図工室や教室だけではなく、空き教室、校庭、中庭など、楽しく安全に造形活動できるところを選びましょう。

大きな流れを想定することも、とても大切です。その際、どのような資質・能力を育成するかという視点で考えるようにしましょう。目の前の子供の姿をもとに、先生方の創意工夫を生かしてこれらを考えましょう。

導入で子供の興味を引き出そう

材料や用具、場所、大きな流れなどを確認した三人。

ミサキ先生は、ほっとした表情になっています。

ミサキ：だいたいの流れはわかりました。あとは、導入ですよね。

　図画工作の授業は、導入が肝心ってよく聞きます。子供がやってみたいという題材を設定して、そして、導入で子供の心をぐっとつかむ。子供が感性や想像力を働かせながら活動する。思い浮かべると、とっても楽しそうですけど、実際どういうふうに話したらよいのでしょうか。

　でもまあ、子供は図画工作が好きだから、そんなに考えなくても、どうにかなるような気もします。

サクラ：そうね、…と言いたいところだし、そういうときもあるけれども、それはどうかしら。私の経験では、子供たちが、今日の活動の見通しをもてたか、もてなかったかで、授業の質は全く変わってしまうんです。

ユウキ：それ、それ、それです。導入して、さあやってみようとなっても、子供がきょとんとしていて、もう一回導入し直したこともありました。大事ですよね、導入。僕は、どういうふうにしようかな、導入。

サクラ：うふふ、導入、導入って。

ユウキ先生。図画工作で大切なのは導入だけではないんですよ。

でも、導入が一番気になるのはよくわかります。

では、発問も含め導入をどのようにするのか、ミサキ先生も、ユウキ先生のように、「私は、どうしようかな」と考えてみてくれますか?

私も考えてみますから。そして明日共有しましょう。


次の日。

昨日、最初の題材の導入を考えてみると言っていたミサキ先生。学年で話し合う前に、ユウキ先生に相談しています。

ミサキ：考えてはみたんですけど、なかなか、いい導入が思い浮かばなくて。ユウキ先生はどんな導入にしようとしているんですか?

ユウキ：まだ決めていないんですけど、授業のねらいは明確になっているんですから、それがしっかり伝わるようにすることが大切だと思います。

それから、導入の時間を短くしようと思って、子供の反応を見ないでどんどん話すのもよくないし、かと言って、丁寧にしようと思って長い時間になっても、子供は飽きてしまいます。

ミサキ先生は初めてなんですから、何か特別なことをしようと思わないで、伝える内容を整理して、気持ちを込めて伝えればよいのではないでしょうか。

ミサキ：張り切りすぎて、なんだか奇をてらったことをしなきゃいけないような気になっていました。何を話すか、もう一度整理してみます。

ユウキ：それから、話すことばかりではなくて、どこで材料を見せるのか、資料を用意するのかなども、あわせて考えるといいですよ。

ポイント

導入は、子供が興味や関心をもつような設定を考える必要があります。

例えば、子供に問いかける、先生の体験を話す、材料や用具を見せるなどから始めることも考えられます。ねらいを明確にして、先生の創意工夫を生かして、一人一人の子供が、面白そう、やってみたいと思えるような導入にしていきましょう。

発問も大切ですが、材料を扱う先生の動作や表情、手つきなどからも子供は興味や関心をもちます。「子供は常に様々なことを感じ取っている」ということを意識して導入をしてみましょう。

その意味においては、先生が楽しそうにしていることも大事です。子供は先生の全体を見て、感じ取っています。「絵は得意じゃないけど、先生が楽しそうにしているから、やってみたくなってきた」という子供は少なからずいます。

そして、大切なことは黒板に書いておくなど、板書の活用についても考えてみましょう。

展開は、子供の思いを大切にした指導を心がけよう

ユウキ先生に相談して、導入は、ねらいを明確にした的確な発問をすることに焦点を絞ったミサキ先生。内容を整理し、材料や用具の提示の仕方も考えました。ユウキ先生は、教師がどのように問いかけるか、そして板書をどのようにするのかについても考えました。サクラ先生は、これまでの経験をもとに、子供の思いを大切にする導入を考えました。

ミサキ：これだけは伝えなければ、ということをノートに書き出しました。この題材は、想像したことから発想するということが大切ですよね。私は、最初にみんなで想像するということをやってみる設定にしました。

サクラ：よくまとめられているわね。ユウキ先生、ミサキ先生の発問はどうかしら？

ユウキ：的確に押さえられていると思います。わかりやすいです。

サクラ：私もそう思うわ。ユウキ先生は板書の計画をしていたわね。ミサキ先生、ユウキ先生のこの板書計画を参考にしてみたらどうかしら？

ミサキ：え？　図画工作って題材名を書くだけで特に板書は必要ないと思っていました。

ユウキ：必ずしも毎回必要というわけではないと思うけれども、黒板に書いてあることで確認したり考えたりしている子供もいるようですよ。今回は、子供の言葉をカテゴリーでまとめる設定にしました。

ミサキ：そうなんですね。ではユウキ先生の板書計画を参考にさせてください。

サクラ：私も参考にさせてくださいね。活動の流れも、時間とともに示すと子供が確認しやすいと思うわ。聞いていても、夢中になるとつい忘れてしまうこともあるわよね。

三人で板書を見直し、他にも、材料や用具をどのように提示するかを話しました。

ユウキ：大きな流れは確認した通りなので、展開、終末で育成を目指す資質・能力に沿って、手立てを考えるといいですよね。

ミサキ：展開では教師はあんまり出番がないと思っていましたが、そうではなさそうですね。

サクラ：その通り。展開で教師がどのようにするかが、資質・能力の育成に影響するのよ。

ユウキ：結局、教師がどのように教えるかですよ。それには教師の知識がたくさんあったほうがいいのです。だって、子供は十人十色でしょう？　それに対応するには高度な専門性がいるのです。大丈夫です。僕が教えてあげますから。

サクラ：ユウキ先生のおっしゃることは一理ありますが、教師の資質・能力は、美術的な知識だけではないわよね。子供を教えることへの意欲、子供の姿から子供の働かせている資質・能力を捉える力なども必要。それから、教師が教える場面と子供が感じたり考えたりする場面のバランスも大事です。ユウキ先生は他に展開ではどんなことに気を付けていらっしゃるのかしら。

ユウキ：材料や用具を使って、工夫して表しながら、また表したいことを思い付く子供もいますので、その行ったり来たりができるようにすることに気を付けています。

ミサキ：実際にはどうしたらいいんですか？

ユウキ：大きな流れは設定していても、子供の表したいことの変化には柔軟に対応することです。「表したいことは変えてはいけません」ではないということです。

ポイント

展開では、特にそれぞれの子供の思いを大切にした指導を心がけることが大切です。子供は、自分自身で常に活動を見直しながら、「こうしてみたらどうだろう」、「このところは違った方法でやってみたい」などと思っています。

導入で自分の活動のイメージがもてなかった子供も、友達の活動を見て、やってみたいことが立ち上がってくる時間でもあります。

それぞれの子供がどのようなことを感じたり考えたりしているのか、丁寧に捉えて、充実した時間になるようにしましょう。

子供が感じたり、考えたりしている時間を教師が邪魔をしないことも大切です。中、高学年になると子供も友達が集中していることを感じ取ることができるようになるので、お互いに配慮するように指導することも考えられます。

終末で次の題材につなげよう

導入、展開と相談した三人。あとは終末ですね。あれあれ、ミサキ先生とユウキ先生は、やりきった感満々で、打ち合わせは終わりという雰囲気です。

ユウキ：というわけで、これでだいたい作品ができます。

ミサキ：よかったです。あとは最後に「みんなどうだった?」と聞いて終わりですね。

ユウキ：この題材は、個人差がけっこう出てしまう題材なので、途中で進度を調整することも大切ですよ。

「次の図画工作の授業までに、だいたいの下がきは終わらせておこう」など、進度の遅い子供に言っておくことも考えられます。

ミサキ：わかりました。これで大丈夫、ばっちりです。

二人のやりとりを聞いていたサクラ先生。やれやれという表情です。

サクラ：ちょっと二人とも待って。大事なことを忘れていないかしら？

ユウキ：何ですか？　これで作品ができて掲示して…。

ミサキ：まだあるんですか？

サクラ：活動の終末はどうするか、まだ相談していなかったわよね。

ミサキ：終末は、なんとなく作品ができたので終わるという感じかと思っていました。

サクラ：活動の終わりは、次の題材の始まりにつながっていくのよ。どう終わらせるかは、どう始まるかにつながっているの。

だから、導入や展開と同じぐらいしっかり考える必要があるの。

あら、失礼、力説しちゃったわ。

ミサキ：どう終わらせるかはどう始まるかにつながっている…。いい終わり方すれば、次の活動も楽しみになるっていうことですか。

ユウキ：それはそうかもしれないですけど、僕はだいたい、僕が「ここがよかった」、「ここはもう少し」って作品を評価して終わってしまっていました。
　他にどんな方法があるんですか?

サクラ：子供が自分で活動を振り返るということが大事なんですよ。
　その方法は、いろいろとあっていいのです。子供が感性を働かせながら自分の活動を振り返りやすくするために、映像を撮って前時と比べたり、たくさんつくった作品だったら、つくった順番に並べてみて振り返ったりする方法もありますよ。
　もちろん、話したり、聞いたり、話し合ったり、言葉で整理したりする言語活動を用いて、自分の活動を振り返る方法もあります。

ミサキ：終末はなんとなく終わるっていうことではないんですね。

サクラ：子供が、やってよかったな、と振り返ることができるように、この題材ではどのような振り返りができるか、私たちも考えてみましょう。

ユウキ：サクラ先生がそこまでおっしゃるのでしたら、終末、振り返りについて考えてみますか。

ポイント

終末は、どのように終わらせて、次につなげていくか、が肝心です。どういうことをやってみたのか、どういうことができるようになったのかを、振り返る時間でもあります。こんなことやったんだね、ここはいろいろ考えていたね、など教師が価値付けることが自分の活動を振り返るきっかけになることもあります。なお、鑑賞の活動と重ねることも多い時間でもありますが、鑑賞をする場合は、鑑賞の指導事項を踏まえる必要があります。

自分でどんどん活動を展開していく子供もいますが、そういう子供に対しても、展開、終末でのアプローチは必要です。目の前の一人一人の子供の資質・能力を育成できるように、丁寧に展開、終末にどのような指導が必要なのか考えていくことが大切なのです。

導入さえうまくいけば、あとは子供に任せて、というわけではないのですね。

導入も、展開も、終末も、全ての場面で、子供の資質・能力の育成という視点で考えることが大切だということがわかりました。

さて、終末まで考えた先生方。だんだんと授業が見えてきました。

ミサキ先生は、「まあいいか」と思いすぎるところがなくなってきました。

ユウキ先生は、子供の思いよりも、自分の思いの方がまだまだ強いようですね。

これからどのように成長していくのか、見守っていきましょう。

第 3 章

子供の目線で準備をし，授業する

事前にやってみよう

最初の題材は、三人で丁寧に考え、ねらいも明確になり、導入・展開・終末に何を指導するかも確認し合いました。

これで準備はＯＫのはずですが、ミサキ先生はなぜか心配そう。

それはそうですよね、一年目なんですから。ここはユウキ先生、サクラ先生の出番です。

ミサキ：これで、準備はＯＫと。あとはやるだけですね。考えれば考えるほど、いろいろ心配になってきちゃいました。

ユウキ：授業してみなければわからないこともありますから、やってみることですね。

サクラ：でも、子供にとっては、この授業は一回しかできないんです。できるだけ、子供にとって一番いい、それぞれの子供の資質・能力がより育つような指導にしたいですね。

ユウキ：僕たち教師からすると、同じ題材を何度か指導できるかもしれないけれど、子供にとっては一回だけのことなんですよね。
そうだとすると…一度、三人で実際にやってみますか。ちょっと面倒ですけど。

ミサキ：やってみたいです。でも私、他にも仕事がたくさんたまっていて。どうしましょう。

ユウキ：それは僕も同じです。では、時間を区切って、簡単にやってみましょうか。

サクラ：じゃあ、明日、時間を調整して、図工室でやってみましょう。

次の日、三人の先生方は、図工室で最初の題材を一緒にやってみました。材料や用具を出し、導入を確認したり、子供になったつもりで椅子に座って先生の話を聞いてみたりしました。

ミサキ：ありがとうございました。やっぱり、やってみてよかったです。具体的な流れや、指導のあいまいなところがわかりました。それから、感性や想像力を働かせたり、手や体全体を働かせることも、高学年でも大事だと思いました。

ユウキ：最初にどう発問するか、机の上に何を用意しておくかだけではなく、早く終わった子供にどうするかまで話ができましたね。

これでミサキ先生も自信をもって図画工作の授業ができそうですね。やったかいがありました。

ミサキ：ほんとですね。実際にやるのとやらないのは大違いですね。

図画工作の授業のことをしっかり考えて準備しておくと、気持ちに余裕ができて、他教科等のこともちゃんと考えられる気がしました。

ユウキ：慣れてくるとだいたい予想ができるので、事前にやってみることがおっくうになってくることもありますけどね。

サクラ：やっぱり、やってみるのが大事ですね。でも時間がないのも現実です。次の題材からは、授業の流れを通しでやってみることはできなくても、少しでもやってみることにしましょう。声をかけあって、時間を見付けてやりましょう。

ユウキ：そうだ、夏休みに二学期の題材をやってみるのはどうですか。

ミサキ：それは嬉しいです。サクラ先生どうですか。

サクラ：そうしましょう、そうしましょう。私も楽しくなってきました。

ポイント

図画工作科は、実際にやってみることでわかることが多くあります。「やったつもり、見たつもり」と、「実際にやった、実際に見た」というのは違います。それが、子供の資質・能力の育成と関わることは言うまでもありません。

自分が考えた導入で、学習の見通しをもつことができるのか、時間は十分か、材料や用具は足りているのか、これで一人一人の資質・能力は育成できるのかなど、実際にやってみて確認しましょう。

しかし、そうは言っても、残念ながら様々な仕事で実際にやってみる時間がとりにくいのが現実かもしれません。一人の先生が全ての流れをやってみることが望ましいですが、例えば、先生同士で分担することも考えられます。全部はできなくても、中心となるところだけやってみる場合があってもよいでしょう。

参考作品の提示の意図を考えよう

題材を実際にやってみた三人の先生方。ミサキ先生も授業の見通しが具体的にもてたようです。
それぞれの先生がつくった簡単な作品を、見せ合いながら話をしています。
教師同士の鑑賞の時間になっています。

ユウキ：僕の作品を見てください。この形がポイントです。

サクラ：面白い形よね。とてもこだわってつくっていましたよね。私は、型通りという感じになってしまって、あんまり工夫できなかったわ。

ミサキ：私のは、中途半端です。時間が足りなかったので、もう少し付け加えたいです。

サクラ：ミサキ先生のように、もう少しやってみたいと思う子供もいるかもしれないですね。

そういうことがわかっただけでもやった価値はあったと思うわ。

ユウキ：さて、事前にやってみたから、この作品を最初に子供たちに見せればいいですね。

ミサキ：え？　見せるんですか？　私の作品は恥ずかしいです。ユウキ先生の作品貸してください。お願いします！

ユウキ：あー、いいですよ。使ってください。減るものではないし。サクラ先生のも借りるといいですよ。

サクラ：うふふ。それはいいですけど、ところで先生方、子供になんて言って見せるんですか？　もっと言うと、なんのために見せるのですか？

ミサキ：え？

ユウキ：そりゃあ、こんな感じの作品になります、ということを伝えるためでしょうね。

サクラ：見本ということですか？

ユウキ：見本というか…、あれ、なんのために見せるのでしょう。

ミサキ：そうか、まねしちゃう子も出てくるかもしれませんね。どうしましょう。

ユウキ：でも、完成のイメージがわかないとできない子供もいますよね。うーん。これまであんまり参考作品について考えたことがありませんでした。参考作品が、あったら見せる、なかったら見せないって感じでした。

サクラ：私は、参考作品を見せない方がいいと言っているわけではなくて、見せるとしたら、「この資質・能力を育成するために、これを見せる」という意図をもつことが大切だと思うのよ。どういう子供たちかにもよるけれども、例えば、発想や構想をするときに、先生の完成作品を見せたら、きっとその発想に強く引っ張られることが多いと思うの。その題材のねらい、その時間のねらいを考えて、参考作品を見せるかどうか決めるといいと思うわ。もちろんその子の感性や想像力を働かせられるかどうかもね。いずれにしても、「この子たちは、発想できないから参考作品を見せるのだ」と思ってはいけないわ。子供を信じて、発想や構想をできるような手立てを先生が考えること、それが大事なのよ。

ユウキ：なるほど、わかりました。今回の題材は、子供が発想や構想をすることを重視した題材なので、見せるのは、やめておきます。実際につくってみて、教師として指導全体の見通しが立ったということが大事だということなのですね。

ミサキ：あるから見せる、やってみたから見せるということではないんですね。このことは同期の先生に教えてあげたいと思います。

ポイント

参考作品は、教師の作品、前年度の子供の作品、他学級の作品などいろいろと考えられます。どの参考作品に対しても言えることですが、見せるか見せないかについては、資質・能力の育成の視点で考えることが大切です。特に教師がつくった作品は、子供から見ると、どうしても参考作品というよりも目指す見本のようになってしまうので、配慮する必要があります。

また、参考作品を見せる、見せないだけではなく、説明が伝わらなかったときに見せる、後半に見せる、子供が行き詰っているときに見せるなど、タイミングについても考えてみるとよいでしょう。

子供は活動の見通しが立つと、参考作品が必要ないことの方が多いようです。そのためにも、指導のねらいを明確にして、どの子供にもわかりやすい授業をすることを心がけましょう。

さあ、授業をしてみよう

さあ、いよいよ第一回目の授業です。あれだけみんなで話し合って、ねらいも明確にして、事前にやってみたのだから、あとは授業に臨むだけです。

サクラ：今日はユウキ先生と私の学級で図画工作の授業があるわね。子供がどんなことを思い付くか楽しみですね。教師の「こうしたら?」は今日のところは我慢ですよ。

ユウキ：はい。心しておきます。

その放課後。

ユウキ：今日の図画工作は、さらっと下がきをして終わったって感じです。

サクラ：今日は発想や構想ということだったけれども、その点はどうだったんですか？

ユウキ：特に素晴らしい発想があるわけでもなく、思い付かない子供がいるわけでもなくという感じです。サクラ先生の学級はどうだったんですか？

サクラ：子供が十分に発想や構想をしていたという感じではなかったわ。もっと、子供の感性を大切にする、発想や構想をすることに対する指導の手立てが必要だと思ったわ。

ミサキ：「発想や構想をすることに対する指導の手立て」…ですか？

サクラ：そうなの。材料や場所、時間などいろいろ考えてはみたけれども、まだまだそれが主に何の資質・能力を育成する手立てになっているのかが私たちの中で明確になっていなかったかもしれないわ。ミサキ先生は明後日に図工の授業があるから、今日の授業の課題を挙げてどうしたらよいか考えましょう。

ユウキ：僕の学級も、子供の思いを膨らませる時間が足りなかったような気がします。想像を膨らませる前に、すぐに「かかなきゃ」という雰囲気になってしまいました。

サクラ：私は、導入をもっと感情をこめてやればよかったと思ったわ。淡々としてしまったからだと思うの。もっと子供の思いを膨らませなくちゃ。

授業を振り返ろう

計画を練って実践しても、うまくいかないこともあります。そんなときは途中で、子供の姿をもとに改善策を探る必要があります。

今回の題材は、ユウキ先生、サクラ先生が実際にやってみて授業改善しながら、ミサキ先生にアドバイスをするという方法をとりました。

こうして三学級とも、一つの題材が終わりました。

ミサキ：やっと終わりました。途中みなさんにアドバイスいただいたことが、とても参考になりました。

サクラ：授業をしながら、よりよい活動になるように授業改善をしていくことが大事なのね。前にやったことがある題材だから、どこかで油断していたかもしれないわ。私も勉強になったわ。

ユウキ：僕もです。
　さて次は、工作ですね。僕、工作得意なんですよ。材料はもう注文してます。サクラ先生、早速指導計画の打ち合わせをしましょう。

サクラ：そうね。でもその前に、今回の題材のまとめをしておきましょう。

ミサキ：まとめるってどういうことですか？

サクラ：計画を立てて実践して、途中途中でチェックして、授業をよりよくしたでしょ？それを振り返ってまとめておきたいんです。

ユウキ：また来年この学年をもつわけではないんですから、そこまでしなくてもいいのではないでしょうか。また五年生を受けもったときに考えれば。

ミサキ：でもそういう資料があれば、私は参考にしたいです。

サクラ：この子たちはこういう実態があるから、こういう手立てが有効だったということをまとめておけば、これからの題材で目の前のこの子たちへの指導に生かすこともできるわよね。

ユウキ：ああ、そういうことですか。確かに実態に合わせて指導の手立てを検討し直しました。僕の学級も事前の計画と違うところが出ました。

サクラ：うちの学級もよ。ミサキ先生の学級も少しはあるでしょう。だから、それをまとめるということは、今指導しているこの子たちのためになると思うの。だから簡単にみんなで振り返って、まとめておくといいと思ったの。

もう一つは、さっきミサキ先生がおっしゃったように、次に五年生を指導する先生にとっての資料になるということなのよ。情報としてあれば助かるかなって。一人がイチから考えて実践することにも価値はあるけれども、実際にやってみて、このところは改善した、また改善した方がよいということも共有することが大事だと思うの。

ミサキ：それはほんとに助かると思います。

「この題材ではこのくらいの時間がかかったよ、このあたりは丁寧な指導が必要だよ」とかの情報が残っていれば、どの先生も参考にすると思います。

ユウキ：そうかもしれないですね。

サクラ：では簡単に授業を振り返ってみましょう。短時間で要点を整理して話しましょう。

ポイント

指導計画と実際に行った指導との違いをまとめておくこと、実はこれはとても大切なことなのです。

まとめるということで、子供の実態と有効な手立てが教師の中で意識され、次の題材への手立てとなります。また、実際に、どんな材料を使ったのか、どのくらい時間がかかったのか、どんな場所でやったのかだけでも記録しておくと、次にその題材をやる先生の資料となります。

さらに、掲示物や印刷物も保存し学校で共有すると、それを活用したり、参考にしてつくったりでき、教師としての仕事の時間短縮になります。

ＩＣＴを活用した場合は、データなどを残しておくとよいでしょう。

いずれにしても一人ではできないことなので、学校全体で取り組むとよいでしょう。

こうして、最初の題材が終わりました。

丁寧に取り組んだことから、どのように授業をしていくのかが見えてきました。

ミサキ先生も、丁寧に物事を考えるようになってきました。

一学期の図画工作の授業は、絵に始まり、造形遊び、鑑賞などバランスを考え、学年で相談しながら実践しました。

さあ夏休み。二学期の授業の準備もかねて、実技研修を行います。

そして、あっという間に夏休みは終わり、二学期が始まります。

第 4 章

資質・能力を育成することを常に意識する

資質・能力を常に意識しよう

二学期になりました。

夏休みに図画工作科の研修を受けてきたミサキ先生は、その内容をユウキ先生、サクラ先生に話したくてたまりません。

ミサキ：聞いてください。夏の研修で、ユウキ先生とサクラ先生のおっしゃっていたように、この題材でどのような資質・能力を育成するのか、ということが大事だって講師の先生がおっしゃっていました。

「知識及び技能」、「思考力、判断力、表現力等」「学びに向かう力、人間性等」です。他の学校の先生方とディスカッションをしたので、その中ですっかり覚えました。

サクラ：お、研修の成果ね。
　学習指導要領（※平成29年告示）では他教科等も同じように三つの柱で整理されているので、覚えておいたほうがいいわね。他の学校の先生と交流することもできてよかったわね。

ユウキ：僕も、一学期にサクラ先生から、「どのような資質・能力が育成されるの？」と何度も聞かれたので、三つの柱については頭に入りました。サクラ先生と参加した地区の図画工作科の研究会でも、やはり資質・能力の話になりましたよね。

サクラ：そうだったわね。
　研修会は、幼稚園、小学校、中学校の先生が集まってやったのだけれど、資質・能力の育成が共通の話題になって、みんなで交流しながら研修できたわ。

ミサキ：そういうよさもあるんですね。

ユウキ：でも、やっぱり僕は結果としての作品に目が向いてしまうんです。そういう人多いんじゃないかな。課題ですよね。

サクラ：じゃあ二学期も、お互いに資質・能力の育成を確認しながら進めていきましょう。

持ち物は、早めに伝えよう

休み時間です。職員室で、ミサキ先生が連絡帳を見ながら、眉間にしわを寄せて連絡帳を読んでいます。それを見て、ユウキ先生が声をかけました。

ユウキ：どうかしましたか？　珍しく険しい顔をしていますね。何かありましたか？

ミサキ：これ、Aさんの連絡帳なんですけど、保護者から「図画工作の持ち物は前もって知らせてほしい」とありました。しまったなあ。

サクラ：今月の空き缶を使った立体のことですね。いつ伝えたんですか？

ミサキ：今日図画工作があるのですが、一週間前に連絡するのを忘れてしまって。でも、どこの家にもあるかなと思って、昨日連絡してしまいました。

ユウキ：僕もそういうことがあったので、偉そうに言えない立場なんだけど、それは、ちょっと考えが甘かったかもしれないですね。
　どこの家庭にもあるものと思っていても、ない場合もあるし、やはり前日に連絡したのでは保護者もあわてちゃうんじゃないかな。急いで夜に買いに行った家庭もあったかもしれない。

ミサキ：そうですよね。空き缶がない子供もいるかと思って、私がいくつか持ってきたんですけど。そういうことではないですよね。

サクラ：ミサキ先生、失敗は誰にでもあるものよ。今、話を聞いていたら、ミサキ先生はどこがよくなかったのか、どういうふうに改善したらよいのか、自分ですでに解決できているじゃない。それはすばらしいことよ。まずは連絡帳に返信をきちんと書きましょうね。
　それから、前にユウキ先生もおっしゃっていたけれど、子供って持ち物が揃っているのと揃っていないのとでは、学習に向かう意欲が全く違うのよ。やっぱり、「あ、忘れちゃった」と思うと、大人でもテンション下がるわよね。それは子供も同じなの。特に、図画工作は表現や鑑賞の活動を通して学ぶ教科であり、子供が楽しみにしている教科なので、より一層そうだと思うわ。

ユウキ：他の教科で忘れ物をしてもあんまり事前に言いに来なくても、図画工作の持ち物を忘れると、朝から言いに来るという子供が多いです。材料や用具がないと活動できないですからね。

サクラ：だからって、ミサキ先生も気付いていたけれど、先生の用意したものをあげて、その場にとりあえずあればいいということでもないの。できるだけ自分で用意できるように前もって連絡したり、まめに声かけをしたりして、学級全体の子供の材料や用具が揃うようにするのも大切な指導なのよ。実際はとても難しいのだけど、子供の資質・能力を育成するために、教師の姿勢を見せることも大事よ。

ミサキ：でも私みたいに、うっかり忘れてしまうこともありますよね。

ユウキ：サクラ先生は、持ち物について、どう指導していますか？

サクラ：私は、全員の材料や用具が揃ったときに、思いっきりほめるようにしているの。

うちの学校でもそれぞれの先生方がいろんな工夫をしているわ。忘れ物は図画工作だけの話ではないので、今度、みんなに聞いてみるといいわよ。いろいろなやり方を試して、先生の学級のやり方を見付け出せるといいわね。学校によっては、学年や学級で同じような対応をするように統一しているところもあるらしいわ。いい方法があったら試してみたいから、私にも教えてね。

ポイント

図画工作科の表現の活動では、材料や用具が欠かせません。学校で用意するものもありますが、子供が用意するものもあります。持ち物は事前に伝えて、余裕をもって用意できるようにしましょう。資質・能力を育成する上で欠かせないことです。何度か声をかけて、授業当日に揃っておくようにすることも大切です。

そうは言っても、忘れてしまう子供もいます。その際どう対応するかに正解はありません。子供が「よし、今度は忘れないようにしよう」と思うようにすることが大切です。先生同士で情報交換をするとよいでしょう。

また、はさみやのりなどは、道具箱に入っていることが多く見られますが、定期的に声かけをして、使える状態にあるかどうかを確かめておきましょう。

計画の見直しをしよう

ユウキ先生が廊下でサクラ先生と話しています。どうも、今日の図画工作の時間は予定通り進まなかったようです。

ユウキ：サクラ先生、この題材は四時間扱いですよね。

先週から、表したいことを工夫して表すという、技能が中心の時間になっているんですけど、まだまだ終わりそうにないんです。

あと二時間ぐらい多くかかってしまいそうな子供がたくさんいます。集中してやってはいるんですけど。

サクラ：あら、そうなのね。うちの学級も確かに時間はかかっているけれども、それほどでもないわね。きっと、ユウキ先生の学級は発想豊かな子供が多いから、思い付いたことをどうにかして表そうとしているんじゃないかしら。集中しないで時間がかかっているわけではないんだから、予定を変更したらいいと思うわ。

ユウキ：これからスピードアップさせたとしても、子供に負担がかかるだけですよね。後の題材で調整するとして、時間を延ばすことにします。

でも、今回に限って、という感じがするんですよ。どうしてなのでしょう。

サクラ：うーん、どうしてかしらね。そうだ。「この題材はだいたい○時間ぐらいでやろう」と、時間の見通しをもてるように子供に伝えたかしら？

ユウキ：あ、それかもしれないです。もしかしたら、言い忘れているかもしれない。

サクラ：結構大事なことなのよ。だいたいの時間を子供が把握しておくことは。毎回必ず、時間を提示しなければならないということでもないんだけれどね。

高学年になると、自分の表したいことをとことん追求したくなる子供も出てくるわよね。そういう子供たちには、だいたいの時間が提示されてあれば、その子なりに調整して活動することもできるようになるわ。いつまでもつくっていたい気持ちもわかるんだけど、限りある時間ですからね。

ユウキ：本当に、その通りですね。

サクラ：先生が忘れていても、導入のときに子供から質問が出るようになることもあるわ。今回はユウキ先生のおっしゃるように、時間を延ばして子供に十分表現させてあげましょう。

そこにミサキ先生がやってきました。

ミサキ：サクラ先生、ユウキ先生！　今度の題材、時間がかかって四時間では終わりそうにないです。

サクラ：あら、ミサキ先生の学級もなの？

ユウキ：僕も、あと二時間ぐらいかかりそうだってサクラ先生にご相談していたところなんですよ。僕の場合は最初に時間の提示をしていなかったからだと思うけど。

ミサキ：私は一応伝えたんですけど。指導の仕方がよくなかったのかな。

サクラ：いや、きっとそうじゃないわね。うちの学級も、時間がかかっている子供がいつもより多いし、二学級ともそうだとしたら、時間の見直しをしたほうがよさそうね。後で今の状態の作品を持ち寄って、子供の様子を話しながら検討しましょう。

ポイント

一人一人の子供のつくるペースは違います。考える時間も、思い付く時間も、工夫して表す時間も、もっと言えば、準備する時間も、片付ける時間も違うのです。しかし、学校は集団生活の場であり、図画工作科の学習時間は限られています。

題材は、目標及び内容の具現化を目指す「内容や時間のまとまり」と言えます。内容だけではなく「時間」のまとまりでもあるのです。この題材はどのくらいの時間数で行うのか、ということは年間指導計画を立てる段階で想定されています。この「どのくらい時間がかかるのか」ということは、実は、発想のきっかけや、材料や用具の質や量、場所などが大きく関係しています。

想定した時間を、子供に伝えて見通しをもつようにすることとともに、常に進度を確認し、資質・能力を育成する視点をもって随時調整することが大切です。

鑑賞のねらいとタイミングを考えよう

三人の先生が一学期から意識して行ってきた、表現と鑑賞の関連。子供たちも友達の作品や校内に掲示している作品などに関心をもつようになってきています。

しかし、ユウキ先生は、課題を感じているようです。

ユウキ：今日の図画工作、Bさん、全く進まなかったんです。活動のはじめに「友達の活動や作品を見に行ってもいいよ」って言ったら、ずっと見ていて、声をかけても全然。最後の方にちょっとつくっただけで。

ミサキ：図画工作って、やりきって終わるところがあるから、結局最後に慌てて仕上げるか、休み時間や放課後にやるってことになりますよね。

サクラ：最後までやりとげる、やりきる。なるほどね。確かにものをつくる活動ってそうよね。だから、そういう子供は、ざっと仕上げてしまうなどの質で調整してしまうか、授業時間以外の時間を使って調整するかになるわよね。もちろん、とことん追求したいから、休み時間や放課後にやるという子供もいるけれどね。

ミサキ：でも、「表現と鑑賞の関連は大事にしよう」って話していたじゃないですか。だから、友達の作品を見たいという子供の気持ちは大事にしたいですよね。

ユウキ：そう思ってやってきたんだけど、今日のＢさんを見ていると、なんだか違うなあって。子供が見通しをもてていないというのも課題ですけど。

サクラ：ぐっと自分に向き合う、自分の表現に没頭する時間も必要よね。

ユウキ：自分の表現に没頭する時間ですか。そう考えると、他の子供は自分の表現に没頭しかけていたところに、Ｂさんを見に行かせてしまったかもしれないです。その時間の邪魔をしていたかもしれないんだなあ。いやいや、ほんと、そうですね。

ミサキ：あぁ、奥が深いですね。私もそういう視点で子供のこと見てみます。

　私は、この前、友達の表し方について考えたり感じ取ったりして、その先の自分の活動に生かしてほしいという思いで活動の半ばで鑑賞活動を入れたんです。でも、「さあ、みんなの作品を見に行きましょう」と声をかけても、席から立ち上がったのは三人だけ。それで、手を止めさせて、全員にもう一度声をかけたから、なんとか鑑賞の時間になったんですけど。

サクラ：それで、子供たちはどんな様子だったの？

ミサキ：さっさと見て、自分の席に戻って活動の続きをしている子供が多かったです。どういうふうに声かけしたらよかったんでしょうか。

サクラ：それは声かけというよりも、タイミングの問題だと思うわ。きっと早すぎたのよ。

ミサキ：そういえば、最後の方では私が声をかけなくても友達の作品を見に行っている子供が多かったです。

サクラ：そう、そのタイミング。子供が見たいなと思っているタイミングで、鑑賞の時間を設定するといいのよ。

ミサキ：よし、次の時間は、それでやってみます。

サクラ：え？　毎回、活動の半ばに鑑賞を設定しようと思っているの？　題材に応じて、鑑賞の活動を入れるかどうか、どこに設定するかを考えることが大事なのよ。

ミサキ：ああ、そうでした。奥が深いなあ。

ポイント

図画工作科の領域は表現と鑑賞とで構成されています。これを関連付けて育成することが重要です。

どのように関連付けるかを考える前に、まずは、表現と鑑賞の指導事項を確認しましょう。特に、表現のための鑑賞にならないように、鑑賞の指導事項について理解し、鑑賞の時間をどの場面で設定するか考えましょう。子供の資質・能力がより育成される場面を選ぶことが大切です。

低学年から高学年までの鑑賞の対象に、「自分たちの作品」がありますが、他にも、学校に飾っている作品、地域の方の作品、先生の作品、材料、美術作品、生活の中の造形など、鑑賞の対象は様々にあります。いろいろ見ることも大切です。

美術館の利用や活用も、子供や地域の実態に合わせて行えるといいですね。

片付けも学びと捉えよう

職員室で、ミサキ先生とユウキ先生が話をしています。

片付けに時間がかかってしまうという話のようです。


ユウキ：今日の図画工作は大変だった。何が大変って、片付けだよ、片付け。

子供たちがしっかり片付けないから、やり直しをさせたりして、本当に時間がかかってしまって、休み時間が少なくなってしまったよ。

他の授業のときも、うちの学級は片付けがうまくないんだよなあ。何か方法を考えないといけないなあ。

という僕も、片付け苦手なんだけど。

ミサキ：図画工作って、準備して、片付けして、が必ずありますよね。子供によっても片付けにかかる時間が違いますしねー。

ユウキ：あれ、なんだか余裕な感じだね。そういえば、いつもあんまり片付けのときにあわただしくしていないね。

ミサキ：あはは。そんなこともないですけれど、片付けに関しては、丁寧に説明して、一人一人の子供が迷わずスムーズにできるようにしています。指導はまだまだなんですけど、片付けには、ちょっとだけ自信があります。

ユウキ：やっぱり、そうなんだ。ミサキ先生、コツを教えてよ。

ミサキ：それは、何をどこに片付けるかを、わかりやすく指示することです。ゆっくり、丁寧に。

　そのときに、実際にこうやって、と私がやってみせることも大事みたいです。たくさん言っても覚えられないので、黒板に書くときもありますよ。子供は確かめながらやっています。

　それからグループで協力することも大切だと思っているので、手分けをするように伝えるときもあります。子供って片付け方がわかると面白いようにどんどんやるんですよ。色ごとに紙を揃えたり、冬でも冷たい水で絵の具をきれいに洗ったりします。

ユウキ：そうか、あわてて、とりあえずここに置いておいてなんて言って、後で自分で片付けることも僕はあるなあ。かえって時間もかかるし、子供のためにはならないよね。

二人の会話を聞いていたサクラ先生が、感心したように二人に話しかけてきました。

サクラ：準備、片付けも含めての図画工作の学習だと捉えることが大事ね。
　でもミサキ先生の学級は、ほんとによく片付けしているなと思っていたけれど、そういう工夫をしていたのね。参考になるわ。私もあわてて「先生が後はやっておくから」なんていうときもあるけれど、見習わなきゃ。

ミサキ：いえいえ、指導がまだまだ…。

サクラ：でも子供の動きが見えないと、片付けの指示はできないから、見えてきているってことなのよ。それはとってもいいこと。先生としての能力が高まっているということでもあるのよ。

ユウキ：よーし、僕もやってみよう。

ポイント

図画工作の時間は、表現するための準備と片付けの時間が必要です。それも含めて、授業の計画を立てることが大切です。

準備に関しては、導入も含めて先生方はよく考えられているようです。しかし、片付けに関しては、指示が苦手、課題を感じているなどの話を聞くことがあります。

これも先生方の創意工夫を生かした、様々な方法があると思います。どのような方法で片付けをしているか、情報交換して、学級の子供たちの実態に合った方法を探してみてはどうでしょうか。

子供は、片付ける方法さえわかっていたら、きっちりやりたいところがあるようです。時間との関係もありますが、材料や用具を大切にする視点も含めて、片付けも学びとして捉え、指導してみましょう。

資質・能力の育成は、様々な場面で意識することが大切なんですね。

三人の先生方も変わってきました。

ユウキ先生も、肩ひじを張らずに、自分のできないところを他の先生に話せるようになってきました。ミサキ先生の素直な姿から影響され、自分の指導を振り返るきっかけになったみたいです。

みんなで授業研究をするって大事ですね。

第 5 章

子供のよいところ，がんばっているところを見付ける

子供の学習の過程に目を向けよう

サクラ先生がミサキ先生に何か考えてほしいことがあるようです。どんな内容なのでしょうか。

サクラ：ミサキ先生、導入が終わった後、どうしていますか？　ほっとして、さあ、後は子供がやってくれるという感じなのかしら？

ミサキ：造形遊びのときは、どんな活動をするのかな？　と思って見ているんですけど、絵なんかは、作品に残るじゃないですか。だから、特に見る必要はないかなって。

　下手に口出しして、子供の世界をこわしてはいけないかな、と思うんです。私が近付くと気が散るみたいだし。そう思ったときは教卓にいて、困った子供がいないかどうか全体を見渡すようにしています。

サクラ：そういう理由だったのね。安心したわ。
　この前、教室の前を通ったら、ミサキ先生が教卓の椅子に座っていたのよ。そして、また通りかかったら、まだ座っているのが見えて、あれ、どうしたんだろうと思ったのよ。子供が自分の世界に入り込んでいるので、その世界をこわしちゃいけないと思ったのね。

ミサキ：それだけじゃないですけど、遠くから見ていることが多いかもしれません。それはあまりよくないことなんですか？

サクラ：それは、時と場合によるわね。一概には言えないけれど、子供がどんなふうに発想や構想をしているのか、技能を働かせて表しているのかは、遠くからではわからないこともあるのよ。だから、ああもったいないなあ、と思っちゃったのよ。

ミサキ：近付かないほうが、子供も自分の力を発揮できるかなと思っていました。

サクラ：そうね。ミサキ先生のおっしゃったように、先生がやたら話しかけて、子供が集中できないという授業も時々見かけるわ。自分に話しかけられていなくても、友達に話しかけている先生の言葉を実はよく聞いているのよ。
　だから、子供が集中して夢中になっている時間も大切にしつつ、子供の活動の様子と、できつつある作品の形や色などをつなげあわせてみるといいわよ。

ミサキ：でも、それは作品にだいたい残るんじゃないですか？

サクラ：技能が伴っていると、発想や構想したことを表せるので残るわね。

でも、どのようにして技能を発揮しているのかの全てが作品からわかるわけではないわ。しかも、技能を働かせることで、発想や構想が広がったり、深まったりするところまでは作品からは見えにくいわよね。

ミサキ：確かに。

サクラ：それに、発想や構想がとてもよくても、技能が伴わないと、残念ながら作品には残らないわよね。作品から発想や構想を見ることが難しくなるの。そういう子供に、ちゃんと「発想や構想は、とてもいい」と価値付けることは大事なのよ。だってその子の自信になるし、「じゃあ技能をがんばってみよう」と思うじゃない。

だから活動の過程をしっかり見ていくことが大事なのよ。

ミサキ：よくわかりました。私、あんまり見えていなかったように思います。邪魔はしないように、子供の学習の過程をしっかり見ていくようにします。

ポイント

子供の働かせている資質・能力を捉えるには、子供の学習過程を見ることが大切です。

子供の作品からも見えてくることはありますが、それだけでは十分ではありません。その子の表情、しぐさ、筆の跡、視線、言葉などを捉え、どのようなことを感じているのか、考えているのかを捉えるようにしましょう。例えば、何かをじっと見つめているときには、その子の位置に行ってその子の目の高さで同じように見てみると、何を感じ取っていたのかがわかるようになります。

また、小学生は活動をしながらつぶやくことも多いので、そのつぶやきと子供の様子や作品に表れつつある形や色などとつなぎ合わせることで、子供の考えていることに近付くことができるようになります。

振り返りをしよう

印刷室で、ミサキ先生が何かを印刷しています。
そこにユウキ先生が通りかかりました。

ミサキ：ユウキ先生、見てください。前に、サクラ先生が「導入も大事だけれど、終末も同じように大事」ってお話をされていましたよね。だから、授業の振り返りをしっかりさせたいと思って、授業の振り返りシートをつくってみたんです。授業の終わりに毎回このシートに振り返りを書いてもらおうと思っています。一年間使うから、これくらい必要かなって考えながら印刷しているんですけど、すごい量ですよね。

ユウキ：ちょっと見せてくれる？　うん、いいね。数行書く欄があるんだね。長文書くのは時間がかかるし、短時間で学習を振り返ることができるから、これはなかなかいいと思うよ。

ミサキ：でも、「今日は楽しかった、よかった」とか、「うまくいかなかった」とだけ書く子供もいそうで。どういうふうに声かけをして、振り返りをするといいんでしょうか。逆に、もっとたくさん書きたいっていう子供も出てくるかもしれません。この形で一年間進めていいのかな。ちょっと迷ってきました。

ユウキ：そうだね。まず整理しましょう。

教師が振り返りのときにどのように声をかければいいか、言い換えると、どういう振り返りの時間にすればよいのか。

それから、もう一つが、シートはこの形で一年間通してよいか、ということだね。

ミサキ：はい。そうです。うーん。とりあえず、印刷は中断。

ユウキ：うん、それがいいね。ミサキ先生は、どんな振り返りの時間にしたいんですか？

ミサキ：えーと、子供が「やってよかったなあ」って思う時間です。「うまくできたな」もあると思います。そして子供たちが「また次も楽しみだ」って思ってくれる時間にしたいです。

ユウキ：いいこと言うねえ。本当に、そういう子供の姿が見たいよね。そんな時間にするには、それぞれの授業には指導のねらいがあるはずだから、それに沿って振り返りをすることが大事だと思うよ。

ミサキ：そうか。そうすると、面白かった、楽しかっただけではなく、自分の発想について書いたり、技能について書いたりできますね。やっぱり、授業のねらいを明確にもつということが、どの場面でも大事なんですね。

ユウキ：そうそう、そういうこと。でも、どの題材も、振り返りを毎時間するって、どうなのかな。毎時間振り返りを行う題材があってもよいけれど、一つの題材が終わるときに、その題材を通して振り返ってもよいような気がするけどな。前時の作品とその時間最後の作品を比べて、振り返ることもできるよね。僕もまだわからないけど、いろんな振り返りの仕方が図画工作にはあるような気がするな。

ミサキ：あぁ、そうなのかもしれませんね。今は実感できないけれど、印刷枚数、少なくしておきます。

ユウキ：一緒に考えながら、そして学年で情報を共有しながら、進めようよ。

ポイント

「見通し」や「振り返り」は、図画工作科でも必要です。造形遊びであっても、活動を見通すことは、程度によりますが必要ですし、振り返りも、子供が深く学んでいくためには、大切なことです。

しかし、「振り返り」は、必ず毎時間しなければならないというわけではありません。毎時間振り返る、題材を通して振り返るなど、いろいろあっていいのです。一番学習効果が高まるタイミングで振り返ることが大切です。

方法も様々です。言葉でまとめてもよいし、時間のはじまりと終わりとを画像で比べてもよいですし、いくつかできる作品だったら、つくった順に並べてみて振り返ることもできるでしょう。

先生の創意工夫を生かした図画工作の「見通し」と「振り返り」を設定してみましょう。

先生同士で作品を見合おう

放課後、ミサキ先生がとっても嬉しそうにユウキ先生の学級に向かって歩いています。何かいいことあったかな。

ミサキ：廊下の掲示板に、今日終わった作品を掲示しました。ユウキ先生、お時間のあるときに見に来てください。

ユウキ：今日終わったのにもう掲示したの？　早いなあ。今見に行くよ。

ちょうどサクラ先生も通りかかり、三人で掲示した作品を見ることにしました。

ユウキ：どの子も自分の表したいことを見付けられているね。それを一生懸命表している、そんな子供の姿が見えるようですね。ミサキ先生、がんばっているね。

ミサキ：このCさんの作品なんですけど、はじめは伝えたいことが思い付かなかったみたいなんです。でも、その後この形の重なりから、どんどん活動が広がって、最後にこうなったんですよ。もう、私の想定をはるかに超えていました。

ユウキ：この重なりがきっかけになっているのか。色もよく考えているね。そういう話を聞きながら見ると、この掲示してある作品一つ一つにドラマがあるんだなあと思うなあ。そうだ、うちの学級の作品も見てください。ちょっと似た作品が多くなっちゃったんですけど。
　子供が思い付くか心配で、具体的な例をいくつも挙げすぎちゃったからかなあ。

サクラ：確かに、いつものユウキ先生の学級の作品よりも、似た作品が多くなってしまっている感じがするわね。でもユウキ先生が自分の課題をすでに把握しているということが、いいわね。自分の指導を振り返って、よりよい授業にしていく、そこが教師として成長するに当たって大切なのよ。

ユウキ：ありがとうございます。なんだか照れます。

ミサキ：ユウキ先生、この作品、とっても面白いですね。どういうことをきっかけに発想したんですか？

ユウキ：それはね。自分で思い付いた方法らしいんだけど…

ユウキ先生も嬉しそうに、ミサキ先生に説明しています。

サクラ：二人とも、子供のこと、よく見てるわね。作品を見ながら子供の活動の様子を話せるということは、授業中によく見ているってことよ。私も子供のこと話したくなったわ。うちの学級の作品も後で見てね。

ユウキ：もちろんです。それにしても、サクラ先生。僕の指導したものと、ミサキ先生の指導したものとは全体の雰囲気が違う感じがします。

同じ題材でも、ちょっとしたアプローチによって違ってくるんですね。

サクラ：ねらいは同じでも、授業ってその先生と子供たちでつくりだしていくものだから、結果としての作品から感じる雰囲気は違ってくることもあるわ。

でも、子供の作品をうまい、へたでは見ないことが大事なのよ。あくまでも資質・能力の育成が大切なの。その視点で子供を見ることね。

ポイント

同じ学校の先生同士で作品を見合うことは、ぜひやってほしいことです。なぜなら、子供のことを知っているので、その子供と作品、そして活動の様子をつなげて話をすることができるからです。他の学級の先生も、作品から子供を知ることができ、たくさんの先生が一人の子供の成長に関わることができるようになります。

また、「この子、前の作品はこうだったよね」「この次はこんな題材してみない」など、前後の題材とつなげて考えることもできます。職員室で作品を持ち寄って、他の学年の先生に見てもらうことも有効です。「低学年のときは、こうでしたね」「成長したわねえ」など、子供の情報をもらえるときもあります。何より、学校全体で子供のことを考えるきっかけになります。

また、作品を掲示する場所も工夫すると、校内が楽しい空間になっていきます。階段の踊り場の壁や屋外のフェンスなど、多くの方の目に触れる場所へ掲示することを管理職の先生に相談してみるとよいでしょう。

活動の過程に目を向け、子供のがんばっているところ、よいところに目を向けている三人。

他教科の時間でも、子供への接し方に変化が現れてきたようです。

子供が楽しそうにしていると、教師も楽しくなる。
全体を見ながらより一層、一人一人の子供へも目が向いてきます。
これから先、三人の先生方はどんな課題を見付け、改善していくのでしょうか。
楽しみ、楽しみ。

第 6 章

子供の学びを深める声かけをする

自分の声かけを見直そう

放課後です。プリントのまる付けをしながら、三人の先生が話をしています。

ユウキ：僕、片付けが苦手だって、この前話したと思いますが、同じぐらい苦手なことがあるんですよ。なんだと思いますか？

ミサキ：うーん、なんでしょう？　確かに、片付けは苦手そうですけど、他は得意そうに見えますよ。

ユウキ：それはですね、なんと子供への声かけです。これってとっても大事ですよね。でも苦手なんです。

サクラ：あー、わかります。って、失礼ですね。ごめんなさい。声かけが苦手っていうよりも、声をかけすぎちゃうんでしょう？

ユウキ：さすが、サクラ先生、お見事です。そうなんです。僕、しゃべりすぎちゃうんですよ。はじめは、子供の話を聞いているんですよ。でも聞いているうちに、こんなふうにしたらもっとよくなるんじゃないか、こんな方法もある、なんて、気付いたら、自分ばっかりしゃべってしまって、子供は「はい」って。

　最初の頃は「先生、こんなふうにしたんだよ」って子供が話してくれていたのに。こんな感じになっちゃうので、学年の終わりには、あんまり子供から作品について話をしてくれなくなっちゃうんです。

　これ、本当に今年度は改善したいと思っていることです。

サクラ：そうやって、自分の苦手とすることをわかって、しかも、その原因を分析できているところが、ユウキ先生のよさよね。でも、確かに、しゃべりすぎの傾向はあるわね。

ユウキ：そうなんです。つい。導入も語りすぎて長くなりがちです。

ミサキ：私は言葉につまっちゃうときがあるので、ユウキ先生みたいにすらすらしゃべれたらいいなあって思ってしまいますけど…。子供への声かけってほんと、難しいですよね。

サクラ：そうなのよ。これまでも、いろんな先生に「図画工作のときの子供への声かけ」について質問されてきたわ。
　私も、いつもうまくいくわけではないけれども、いくつかポイントがあると思うのでそれを話すわね。

：お願いします。

サクラ：その前に。先生方は、どんなときに子供に声をかけるの？

ミサキ：導入が終わってつくり始めたとき、みんなやっているのに、つくり始めていない子供に声をかけます。それから、何を表しているかわからないときも声をかけます。

ユウキ：僕もそういうときが多いです。

サクラ：そうよね。気になる子供に声をかけることが多いかもしれないわね。でもそれだけではないわよね。「わ、すごい発想、それどうやってつくったの？」なんかも声かけよね。

ユウキ：そう言われればそうですね。でも、あんまりそういう声かけはしてこなかったかもしれないです。

ミサキ：私も、子供と何かしゃべっているけれども、それも声かけの一つだっていう自覚はなかったです。

サクラ：それを意識するだけでもずいぶん変わるわよ。
声かけは、子供の学びを深めるためのものよね。だからいろいろな声かけがあっていいの。
でも、子供を傷付ける言葉は絶対にだめ。
図画工作科で生み出す作品はその子そのものだと思って、声をかける意識をもつといいわ。先生の何気ない一言で図画工作を嫌いになってしまったという話も聞くことがあるのよ。

ユウキ：わ、僕、大丈夫かな。それに近いことをしていたかもしれないです。

ミサキ：なんだか、何気なく話しかけていたのに、声かけがこわくなってしまいました。

サクラ：意識することが大切なの。傷付けちゃうこともあるかもって常に思っているぐらいがちょうどいいかもしれないわ。じゃあ、ポイントを話すわね。

共感的に声をかけよう

いつもはミサキ先生やユウキ先生に考えてもらうという方法をとっているサクラ先生ですが、今回は教えてくれるようです。こういうのもたまにはいいですよね。

サクラ：声かけのポイントは、共感。共感的な声かけよ。ほめるというよりも、共感するという感じのほうがいいような気がするわ。

ミサキ：ほめるよりも、共感ですか？　ほめるのが基本だと思ってました。

サクラ：もちろん、ほめることにより子供の学びが深まるということはあるわ。でも、ほめよう、ほめようとすると「いいね」「すごいね」「すてきね」という、どの子供に対しても同じような声かけになることが多くなるみたい。

ある先生が「いいね」「いいね」と連発していたら、「先生は誰にでもいいねって

言う」って子供に言われたという話を聞いたことがあるわ。子供ってよく聞いているものよね。

ユウキ：共感ですか。そういえばこの前の工作のとき、「えー、そのくるくるした針金をてっぺんに付けたんだね」ってある子供に言ったら、とっても嬉しそうに頷いてました。その後も集中してやってました。そういうことなのかな。

サクラ：そういう声かけ、いいわね。今の声かけみたいに、その子がしていることを具体的に言葉にして語りかけるというのも、一つの方法よ。

ミサキ：具体的だと、私のことをちゃんと見てくれているんだ、って子供は思いますよね。なるほど、やってみます。

ユウキ：でも、共感できないこともありますよね。もっとこうしたらいいんじゃないかって。それを伝えちゃいけないんですか。

サクラ：さっきも言った通り、声かけはいろいろあっていいの。子供を傷付けるような声かけじゃなければ、いろいろやってみるといいわ。聞いた子供がどう受け取るのか、一息おいて考えるといいと思うわ。

共感のポイントは、その子になってみること。実際にはその子になることはできないけれど、その子になったつもりで、今起きている目の前の出来事や作品を捉えるようにすると、だんだんと心から共感できるようになるわ。

　やっぱり子供をよく見るってことが大事なのよ。共感して、子供をしっかり受け止めて、その上でたまには「こうするといいかもしれないね」とアドバイスすることがあってもいいと思うわ。

ミサキ：はー。勉強になります。できるかはわからないですけど。

ユウキ：そうか、僕は共感が足りなかったんだな。それを言葉で伝えた上で、アドバイスすればいいんだ。

サクラ：今は声かけの話をしているので、「言葉」に特化して話しているけれど、子供は先生のことをよく見ているわ。だから、先生のしぐさや視線、表情なんかも子供の学びを深めることにつながっているのよ。にこっと微笑んで頷くだけで伝わるときもあるでしょう？

ミサキ：そうなんですか？　まだ経験ないです。私が微笑んで頷いて、その子がより夢中になって活動する…、はー。いいなあ、そういう先生になりたいです。

サクラ：ミサキ先生だったらきっとなれるわ。

ユウキ：自分に足りなかったことがわかりました。今度の授業でやってみます。

ポイント

声かけは、子供の学習を深めるために必要なものです。

様々な声かけがありますが、まずはこの点を押さえる必要があります。

その上で、先生方の創意工夫を生かして工夫することが大切です。

自信をもっていない子供に、「自信をもって」と言っても、それは難しいことなので、何らかの形で自信を付けてあげるようにしましょう。「あなたの今やっていることに価値があるんだよ」と伝えることが大切です。

しかし、全ての子供にピタッと当てはまる声かけがあるわけではありません。いろいろな子供、いろいろな考え、いろいろな活動があるからです。このことを心に置きながら、子供に身を重ねるようにしてみるといいでしょう。声かけは多様性に対する教師の姿勢が問われるのです。

学びが深まる声かけをしよう

ミサキ先生、もっと声かけについて聞きたいようです。実際に困った場面があったのでしょう。鋭い質問をし始めました。

ミサキ：やる気が見られない子供や、活動が止まっている子供への声かけはどうしていますか？

サクラ：私もいつも迷うわ。

ユウキ：僕はつい教えちゃうんですよ。こうしたらいいよって。でも、そうすると僕のイメージの作品や活動になってしまう。僕のつくりたい作品を子供につくらせているような感じになるんです。最初はそうは思わなかったんですけど。最近は、違うなと思うようになりました。だから、こういうことではない方法を知りたいです。

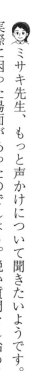

サクラ：ミサキ先生はどう思う？

ミサキ：そういえばこの前こんなことがありました。Dさんが、珍しく落ち着かなくて、しゃべってばかりだったんです。注意はしたんですけど、あんまり効果なくて。
どうしようかなと思ってよく見たら、絵の具の色が揃ってなかったので、貸してあげたんです。そしてしばらく様子を見ていたら一生懸命やり始めて。後で聞いたら、おじいちゃんが入院していてお母さんが忙しくて、絵の具を買う時間がなかったみたいなんです。「絵の具がない」って早く言ってよ、って感じですよね。

サクラ：頭ごなしに叱るよりも、まず聞くのが大事ってことね。

ユウキ：落ち着かない子供には「友達の作品や活動を見に行く？」と言うのもいいですよ。

サクラ：そういう方法もいいわね。そして一緒に見ながら話すのもいいわね。それから、たくさん思い付いて、どれにしようか迷って手が動かないという子供もいるわよ。そういうときはどうしたらいいかしらねえ。ユウキ先生ならどうする？

ユウキ：どんなことを考えているか、まず聞く。それで、こっちがいいよと僕が言う…のはやめてと。「こういうことと、こういうことを考えているんだね」と整理する。

サクラ：いいわね。そうすれば、子供の思考が整理されるわね。

ユウキ：それで、子供がこっちにするって決めればいいけれど。

サクラ：あはは。実際はそんなに簡単にいかないってことよね。わかるわ。

ミサキ：じゃあ、ちょっとその子から離れてみるというのはどうですか?

ユウキ：いいね。他の子供のところを一周回って、戻ってきて同じ状態だったら、そのときはまた考えます。

サクラ：そうしましょう。いずれにしても、子供の資質・能力を育成するのだという教師の姿勢が大事だということよね。じゃあ、「どんなこと考えているの?」と聞いても、答えない子供にはどうしますか?

ミサキ：実際、そういう場面ってありますよね。

サクラ：指導が明確でなく、説明が伝わっていない場合もあるし、まだ思い付いていない場合もあるわ。説明をし直したり、一緒に考えようと言ってみたり、これもいろいろとやるしかないわね。でも、こういう先生の姿勢を子供は感じているから、ミサキ先生やユウキ先生のように子供のことを考えられるようだったら大丈夫よ。やってみましょう。

ポイント

意欲的になる声かけや指導の方法は、これが絶対というものがあるわけではありません。子供たちの活動の様子に目と心を向け、いろいろとやってみるしか方法はないのです。

声かけを研究する方法としては様々にありますが、一人の子供の活動の様子に目を向けながら、「今、こんなこと思っているのかな」、「こんなふうに感じているのかな」、さらには「次はこうするかな」と想像しながら見てみましょう。

その時間は、その子供に着目している時間ですから、その子に合った声かけができるようになるようです。

その際、作品のできばえだけに目を向けることなく、育成を目指す資質・能力を明確にしておくことで、子供の思いに沿った声かけや指導の方法が考えられるようになります。

声をかけない場面もあることを知ろう

三人で「声かけ」について話をしてから、サクラ先生も「声かけ」が気になっているようです。どの教科の場面にもつながることですからね。

サクラ：この前、声かけの話をしたわよね。

あれから、他の先生方は図画工作のときにどのように子供に声をかけているかって気にして見ていたのよ。先日、研究授業を見せてもらったんだけれど、あんまり話しかけていなかったわ。

ユウキ：え〜。声かけしないほうがいいのでしょうか。

サクラ：ううん。そうではなくて。子供が表したいことを材料に触れながら考える場面だったの。

そっと触っている子、いくつか選んで見比べている子、そんな友達の活動を見ながら考えている子などいろいろな子供の様子が見られたわ。

その先生は、そんな子供の姿を見ながら、あんまり話しかけないのよ。たまに話しかけるときも、その子にしか聞こえないぐらいの小さな声なの。

ミサキ：どうしてですか？　私は今、先生の話している内容を他の子供たちも聞いているから、少し大きな声で話すようにしちゃっています。

ユウキ：話しかけないと、どんなこと考えているかわからないじゃないですか。

サクラ：そうよね。私もそう思った。だけど、その先生、子供の考えていることがわかるみたいなのよ。「じゃあ、この材料使ってみる？」なんて後半に話していたもの。

それを見て、「子供に話しかけて、そして聞かないと、子供の考えていることってわからない」というのは本当なのかなあ？　って、考えたわ。

ミサキ：どういうことですか？　聞いてみないと、心や頭の中までわからないです。

サクラ：そうよね。でも、全てそうなのかしら？

ユウキ：うーん。例えば、朝出席をとるときに、その子の表情を見て、元気だな、少し元気がないなって思ったりしますよね。

それを考えると、図工の時間に、言葉だけではなくて、表情からも考えていることがわかるときがたまにあります。

サクラ：そういうことだと思うのよ。
子供の言葉も大事なんだけど、表している形や色、表情、しぐさ、視線などからも、子供の感じていることや考えていることなどを捉える、それが大切なんじゃないかって改めて思ったの。

ユウキ：言われてみれば、僕たちもそういうことを何らかの形でやっているんですよね。それを意識してみるっていうことなのかなあ。

ミサキ：意識する、そういうことなんですね。

サクラ：私たちもやってみましょうか。言葉には表れない子供の姿を捉えることを意識してみましょう。

：やってみます。

ポイント

子供の学習を深めるために、声をかけることは大切ですが、時には声をかけないという選択をすることも考えてみましょう。それはどのようなときでしょうか？

まずは、夢中になっているときです。夢中になっているときに、声をかけて我に返らせる必要はありません。教師の役目は、見守るだけです。

次に、じっと考えているときです。特に高学年になると、頭の中だけであれこれ考えられるようになってきますので、ただじっとしていても深く考えているときがあります。深く考えているのか、行き詰ってしまっているのかは、その子供を指導している先生ならよくわかることだと思います。日頃の様子や、そのときの子供のしぐさ、視線などから総合的に判断して、声をかけるかどうか考えましょう。

かと言って、いつも声をかけない、子供の世界を邪魔しないということではないことも心に留めておきましょう。

声かけひとつとっても、様々な場面に応じて考えなければならないとわかった三人。子供の資質・能力を育成するためには、これしかない、こうしなければならないということは何もないのですね。

こうなると、どんどんいろいろなことをやってみたくなります。こういう題材をやったら子供はどんなことを思い付くだろう、こういう声かけをしたらどうだろう、こういう美術作品を見たら子供はどう感じるだろうと、子供の姿を想像して、わくわくしてきます。

三人の先生は、これからどんなことを考えていくのかな。

第 7 章

図画工作の授業をワンランクアップする

目の前の子供に合った題材を探そう

ミサキ先生もだんだん図画工作に興味をもつようになり、いろいろなところにアンテナを広げて題材のアイデアを探しています。

ミサキ：サクラ先生、見てください。この前、インターネットで図画工作の題材を見付けたんです。面白そうですよね。

サクラ：ほんとね。

ユウキ：僕も最近図画工作の本を買っちゃいました。面白そうな題材がたくさん載っているんですよ。

ミサキ：見せてください。わあ、どれもやってみたいものばかりですね。

サクラ：図画工作科の題材って、目標や内容を具体的に実現することを目指す「内容や時間のまとまり」なのよ。だから題材って大切よね。全国の様々な先生が題材を一生懸命考えているわ。

ユウキ：面白そうだからつい本を買っちゃったけれども、こういうのを見ながらやってもなかなかうまくいかないんですよね。どうしてでしょうね。

ミサキ：そうなんですか。この通りにやれば、うまくいくような気がしますけど。

ユウキ：ところがそうでもないんです。作品が掲載されていると、自分の中でそれが正解のような気がして、そこに子供を当てはめてしまうのかな。

サクラ：そういう話はよく聞くわ。
　まず前提として、その題材でどのような資質・能力が育成されるのかを確認する必要があるわね。その学年に合っているかどうかは、それぞれの先生が判断することが大事。
　ただ、「こうすればこんな作品ができます」というのでは、指導はできないわよね。そういう場合は、その題材でどのような資質・能力が育成されるのかを自分で考えて、有効だったら取り入れるというようにすればいいと思うわ。
　それから、いきなり高度なものは子供には難しいわよね。積み重ねもないのに、突然設定してもうまくいかないし。子供の興味関心をひくものかどうかもポイントよね。

結局、ネットでも本でも参考にすればいいのだけれど、様々な地域があって様々な学校がある。子供もいろいろいる。目の前の子供に適切なものとして、指導する先生が工夫して提案することが大事なのよ。

ミサキ：この通りにやれば、誰でもうまくいくものと思っていました。

ＨＯＷ　ＴＯではないっていうことなんですね。

サクラ：そうなのよ。判断する、決めることが少ない方が精神的に疲れないと言う人も多いわ。でも授業は別よ。授業を考えるのは、その学校の子供たちを教える先生なの。ネットや本から得た情報を、この五年生にとってどうかという視点で検討しましょう。ミサキ先生、ユウキ先生、資料と本を見せてくれる？

ポイント

図画工作科の指導が楽しくなり、もっと面白い題材がないか探してみる、または、図画工作科の指導に苦手意識をもち、どうにかならないか探してみるなど、いろいろな気持ちで、題材をインターネットで検索したり、本で探したり、知り合いの先生に聞いてみたりすることはあるでしょう。

そのときには、先生方が指導している目の前のこの子供たちにとってこの題材はどうか？　と検討することが大切です。

その際は、子供たちの経験、前の題材とのつながりなど様々な視点で検討することが必要となります。

それから、少しでもいいので、先生の創意工夫も加えて、自分の題材として子供に提案するようにしましょう。

うまくいかなかった授業にも目を向けよう

ユウキ先生が、今日は元気がありません。そういうときもありますね。でもユウキ先生はミサキ先生に何があったか話をしています。ユウキ先生本人は気付いていませんが、こうやってミサキ先生にも相談できるようになったのは、四月と比べると大きな成長です。耳を澄ませて聞いてみましょう。

ユウキ：今日の造形遊びは、なんだかうまくいかなかったな。光が入る空き教室で造形的な活動を思い付くようにしたんだけど、どうしてかな。最初、子供は興味を示していたんだけど、中盤から飽きちゃった感じがしたなあ。難しかったのかな。

ミサキ：そうなんですか？　教室の前を通ったのですが、子供は楽しそうにしていたように見えましたよ。あんな感じじゃないんですか？　造形遊びって。

ユウキ：そうかなあ…。いや、そうじゃないんだよな。造形遊びって、子供にピタッとはまったときには、一人一人の子供が生きてる！　今を生きてる！　って感じがするんだよ。今日はそういう感じじゃなかったんだよね。造形遊びって、どういう作品をつくるかが先にあるわけではないでしょう？　だから、子供がどんどん発想して、どんどん思い付いて、つくって、つくりかえて、自分たちで展開させていくようにしないと、結局活動が停滞する。停滞はあってもいいんだけど、そこから広がらないんだよね。

ミサキ：じゃあ、こういう活動があるって先生が提案しちゃえばいいんじゃないですか？

ユウキ：それもいいんだけど、自分たちで造形的な活動を見付けてほしいんだよね。どうしたらいいんだろう？

ミサキ：う〜ん。今、サクラ先生だったらなんて言うか考えてみました。サクラ先生になったつもりで聞きますね。「ユウキ先生、ねらいはどうだったんですか？」

ユウキ：ねらいは明確だったと思うよ。材料もたくさん用意した。しかも、子供が選べるようにたくさんの種類を用意したんだよ。ほら、こういう材料。

ミサキ：楽しそうです。でも、空き教室という活動場所に対しては、材料一つ一つが小さすぎないですか？　これを広い空間の中でつなげようとすると、すごく時間がかかりそうです。

ユウキ：え？　材料が小さい？　ああ、そう言われればそうだね。確かにミサキ先生の言う通りの活動になってた。それをこつこつとやっている子もいれば、それに飽きちゃって違う話をしている子供もいた。そうかあ、材料の大きさね。それも子供が考えられるようにするといいのかもしれないなあ。だったら、材料についても子供に考えさせる、子供が集めるなどもいいかもしれないな。そうだ、明日そう話してみよう。もう一度その視点で、子供たちの振り返りシートを読んでみよう。えーと。

ユウキ先生はあっという間に教室に戻ってしまいました。

ミサキ：たまには私が役に立つときもあるん

ですね。あれ？　ユウキ先生、もういなくなっちゃった。

ポイント

なんだかうまくいかない、どうしてだろう？　そう思う授業、誰にでもあります。そのとき、「子供の状態があまりよくなかったからだ」と思うのと、「どうしてだろう？」と授業の材料や用具、発問、流れなどを再度確かめることをするのとでは、大きな違いが生まれます。自分で気付かなくても、他の人に話す中で、自分で気付いたり、意見をもらうことで気付いたりすることもあります。

チャンスがあれば、他の先生の授業を見ることも大事です。自分の中でイメージできなくても、他の先生の授業を見ることで気付くこともあります。また、あんな先生になりたいな、こんな授業がしたいなと夢をもつことも教師としての力を育てます。

それから、自分に厳しい目を向けながらも、できないことばかりに目を向けないようにすることも、実は大人にとっても子供にとっても大切です。

ゲストティーチャーをお呼びする目的を明確にしよう

一二月に地域の方をお呼びする図画工作の授業の計画を立てていた三人。いよいよ一か月後に迫ってきました。

授業をどのように進めるのか、地域の方と相談をしなければいけない時期です。

ユウキ：そろそろ一二月にお呼びする地域の陶芸家のEさんに連絡を取って、授業について話をしたいですね。

サクラ：春に、会合でお目にかかってお願いしたときに、子供が触ってもよい陶芸作品を持ってきてくださるとおっしゃっていたわ。具体的にどう進めるか、話をしなければいけないわね。

ミサキ：いつにしましょうか。来週あたりで調整したいですね。Eさん、どんな話をしてく

れるのかしら。楽しみです。

サクラ：いつもと違った図画工作の時間になりそうですね。

ユウキ：では、鑑賞の指導事項を確認しておきましょうか。

ミサキ：え、あ、そうか。この指導事項のために、いらしてもらうんですよね。「楽しみだなあ」なんてのんきに構えちゃっていました。

サクラ：楽しみなのは私も同じよ。でも、なんのためにいらしていただくのかを、まず私たちの間で明確にしておくことが大切ね。

ユウキ：学習指導要領の指導事項を確かめて、そして、その題材を当てはめて確認するといいですよね。

サクラ：そして、そのためにEさんの作品をどのように鑑賞するか、鑑賞の方法を考えるということよね。

ミサキ：Eさんは、陶芸作品をどのくらい持ってきてくれるのでしょうか？

サクラ：それ、聞いてみなければいけないわね。作品の数によって鑑賞の活動が変わるわ。いくつあれば、学習が深まるかしら？

ミサキ：大きい陶芸作品ではないので、学級全体で一作品では、見にくいかもしれませんね。

順番に見ていけばいいかもしれませんが。

ユウキ：やっぱり、数はいくつかあると、グループで鑑賞できますね。

サクラ：確かに一つでは少ないわね。でも数が多いと管理が難しくなるわね。

ミサキ：割ってしまったら大変ですしね。全部見たいと思ったら、時間がかかるかもしれないです。

ユウキ：でも複数あることで見比べてみて、Eさんのつくる作品の特徴を捉えやすくなるかもしれないですよね。

サクラ：どのように鑑賞するかによっても、必要な作品の数は変わるわね。鑑賞の方法を考えましょう。

三人の先生方は、どのように鑑賞するか、鑑賞の方法を話し合いました。

ユウキ：これでEさんと打ち合わせができますね。教科の目標、学年の目標、そして鑑賞の指導事項、ねらい、鑑賞の方法、今日話し合ったことや、お願いしたいことをまとめておきます。

サクラ：それから、この前の図画工作ではこういうことをしている、Eさんのお話を聞いた後に、粘土を使ってこういうことに取り組むということもお話ししたいわね。

ポイント

地域の方や、ゲストティーチャーに依頼をして授業をするときは、なんのためにお願いしているのかを明確にしておく必要があります。いわゆる丸投げ状態になり、資質・能力の育成とつながらない場合もあるからです。教員同士で確認をし、そのためにどのようなことをしていただきたいのかを伝えることが大切です。

地域の方や、ゲストティーチャーなどと顔を合わせて打ち合わせをする会をもつのが理想です。しかしそれが叶わない場合、電子メールや文書でやりとりすることもあるでしょう。どちらの場合も、学校だけの都合を優先させず、地域の方や、ゲストティーチャーのお話をよく聞くことが大切です。よりよい方法を提案してくださったり、打ち合わせの中でよい方法を思い付いたりすることもあります。

学年の先生全員で授業準備しよう

三学期は版画の授業があります。
版画は、夏休みに研修で実際にやっているので心配ないですね。

ミサキ：今度の図画工作は版画ですね。夏に一通りやってみたから、見通しが立っていて気持ちがほんとに楽です。やっぱりやってみることは大事ですね。

ユウキ：彫刻刀を持ってくるように学年便りでお知らせもしていますしね。

ミサキ：子供にも伝えてあります。四年生のときの木版画が面白かったようで、うちの学級の子供はみんな、彫刻刀を使うのをとっても楽しみにしています。

サクラ：それって大事なことよね。

前の学年までに扱った材料や用具についての経験を総合的に生かすことが、高学年の指導では大切なのだけど、やはりそこに喜びが伴わないとね。

私の学級の子供も、「何を彫ろうかなあ」って楽しみにしているみたいよ。板とインクも届いているし、場所は図工室でいいわよね。

ユウキ：はい。他の学年に、図工室を使うことを連絡してあります。

ミサキ：あのー、さっき、気持ちが楽、って言ったんですけど、やっぱり一度図工室に行って、一緒に確認してもらえませんか。

サクラ：そうよね。私も版画は一年ぶりだから確認したいわ。みんなで確認しましょう。

三人は、図工室へ移動しました。

ユウキ：まず一時間目は、表したいことを思い付く、今回のきっかけは、想像したことですよね。

サクラ：下絵をかく段階は、図工室でも教室でもできそうね。私は教室でやろうかしら。

ユウキ：僕は、図工室でやってみます。

ミサキ：私はもう少し考えます。下絵をかいた後は図工室ですね。これ一枚彫るのに予定では二時間ですけど、実際には進度に差が付きますよね。

サクラ：木版画は子供によってけっこう差が出るものなのよ。
　でも、刷るのは一緒にさせたいしね。早く彫り終わった子供ができる簡単な題材も考えなければいけないわね。
　夏休みは、方法しか確認しなかったけれど、やっぱり間近になるといろいろ考えなければならないことが出てくるわね。

ミサキ：何か考えてみます。それから、木版画は彫ったカスがたくさん出るけれども、こういうのをきちんと掃除できるようにしないといけないですよね。

ユウキ：共有の場所なので、お互い気持ちよく使いたいですしね。

サクラ：刷るときの場所の設定は、こちらにローラーとトレイを置いて、版にインクが付いたら自分の席に移動して、というのをやったことがあるけれど、それでいいかしら？

ミサキ：はい。子供の動きも考えなければならないのですね。乾燥棚も必要ですよね。

ユウキ：うちの学級が火曜日の五・六時間目なので、次の日までに作品を抜いておきますね。

ポイント

準備する材料や用具が多い題材、いつもと違う場所の設定をする題材などは、できれば学年の先生方と一緒に授業準備をするのがよいでしょう。

次のクラスが続けて同じ用具を使ったり、場所の設定をそのままにしたりするなど、効率的に授業準備や片付けをすることができます。

準備の段階では、材料や用具の確認だけではなく、授業を想定して、子供の体の動きを想像してみることが大切です。

子供が一気に動いて混乱してしまい、落ち着かなくなってしまうこともありますが、子供の動線を考えることで、解決できることがほとんどです。

また、学年の先生と一緒に準備や片付けをすると、一人では気付かないことに気付くことがあります。単学級の場合は、近くの学年の先生と一緒にするということも考えられます。

つくり始められない子への手立てを考えよう

やる気が見られない、活動が止まっている子供については前に話しましたが、最初の一歩が踏み出せない子供、いますよね。

三人の先生方は、今日はそういう話をしています。

ユウキ：なかなかつくり始めない子供、いますよね。

そういうとき、最近は「こうしたらいいよ」ということは、あまり言わないようにしています。まず話を聞いたり、尋ねたりはしているんですけど。うーん。でも、今一つ効果的な指導になっていないような感じがするんです。

サクラ：ある、ある。もう、私が代わりにかいてあげるわって気持ちになるわよ。でも、それは子供の資質・能力の育成の視点からみると要注意よね。

ミサキ：私は、この前の題材、どの子も確実にやってくれるように、事細かに手順を示して、それで私がチェックして進めるようにしました。
　固まったり、進まなかったりする子供はいませんでしたが、できあがった作品を見たら、どの子も同じような感じで、「この子らしいな」という作品はあまり見られなかったんです。
　授業中も友達の活動を見に行かなかったし。いつも休み時間に廊下に掲示してある作品を見て話したりしている子供たちなのに、今回はほとんど見てないです。そんな子供の姿を見て、この方法はあまりよくない、違うなって思いました。

ユウキ：そうそう、そうなんだよ。それにしてもミサキ先生、すごい成長だなあ。

サクラ：本当に。子供の姿から授業を振り返るということよね。頼もしいばかりだわ。

ミサキ：ありがとうございます。でも、そういうとき、本当にどうしたらいいんですか？

サクラ：ミサキ先生、この前研修で学んだことを私たちに教えてくれたじゃない。例えば絵にもいくつかタイプがあるって。あれがヒントになるかもしれないわよ。

ミサキ：材料と関わりながらだんだんと表したいことを見付けて絵に表す活動もあるし、最初に表したいことを見付けて絵に表す活動もあるという話ですか？

ユウキ：それって、どういうこと？

ミサキ：例えば、お花紙を触りながら、いろいろな表し方を思い付き、画用紙に貼りながら表したいことがだんだんと立ち上がってくる活動もあるし、何らかの経験、例えば遠足のときの経験から表したいことを思い付く活動もあるっていう話でした。これをバランスよく設定することが大事なんですって。

ユウキ：でも、材料に関わるのは、造形遊びではないの？

ミサキ：表現では材料が必ず要るじゃないですか。だから、材料と関わったからって全て造形遊びというわけではなく、こんなふうに全員が絵に表す活動で作品として残るのだったら、絵に表す活動にすることも考えられるんですって。

サクラ：大事なのは、その題材でどの指導事項を指導するかなのよ。たとえ、最後には似たような作品になっても、その過程で何を学ぶかが大切なの。

ユウキ：うーん、そうか、材料との関わりから始まる絵という題材を経験していたら、「よしまずはやってみよう、やりながら考えよう」って、子供も思うようになるね。そんな題材をやっておけば、どんな題材でもまずはやってみようと思うかもしれない。

サクラ：造形遊びと絵や立体、工作にバランスよく取り組むのはもちろんだけれど、絵に表す活動であっても材料に触れながら発想することもできるので、様々取り入れてやってみるのがいいわね。

ポイント

どこにでもいる、真っ白な紙を前に固まってしまう子供。

その子供が、深く考えていて真っ白なのか、行き詰っていて真っ白なのか、それを捉えることはまず大切です。

行き詰って何もかけない子供にそのときどうするかということを考えることも大切ですが、日頃から、造形遊びと絵や立体、工作をバランスよく指導することが大切です。

特に、材料を触りながら活動を思い付く造形遊びや、材料から発想する絵や立体、工作などで子供自身が「やってみたら何かできる」と気付くことは重要です。

また、鑑賞をすることで、思い付くこともあります。表現と鑑賞もバランスよく指導するようにしましょう。

保護者に活動を伝えよう

ミサキ先生と、ユウキ先生は、今朝、サクラ先生から「いいこと思い付いたので、放課後相談させて」と言われています。さて、サクラ先生、どんなことを思い付いたのでしょうか。

サクラ：前に、みんなで廊下に掲示した作品を見ながら話したでしょう？

先生方から子供の様子を聞いていて、作品がより身近に感じられて、やっぱり、子供の活動の様子からわかることってたくさんあるなあって思っていたの。そしてこうして子供の姿をもとに指導について話していく中で、子供の姿を保護者に伝えられないかなと思い始めたの。

保護者にも子供の活動の様子を知ることで、作品の見え方が変わるような体験をしてほしいなあ。子供の様子をどうにかして伝えられないかしら。

ユウキ：保護者会の後に作品を見ながら「うちの子、下手だから」とか、「不器用だから」って恥ずかしそうにしている方、いらっしゃるでしょう？
　それに気付いたときには「子供はこういうことを考えていたんですよ」なんて近くに行って話をするのですけど、声に出さないけれどもそう思っている保護者の方もいらっしゃるかもしれない。そして家でそんな話をしちゃうかもしれないですよね。だから、子供の様子を伝えることはやってみたいですね。

ミサキ：私は、保護者会のときは、「サクラ先生やユウキ先生の学級の作品と比べられているのかもしれないなあ」と思うときはありますけど、ユウキ先生のおっしゃるような場面には出会っていないですね。
　でも、どういう伝え方があるんでしょうか？

サクラ：お便りでこういう活動をしていますってお知らせすることは前にやったことがあるのよ。まずはそれをしてみようと思うのだけれど、どう？

ユウキ：それ、いいですね。
　それから、保護者会のときに、子供たちの様子を話して、ご家庭で話題にしてみてくださいと話をするということも考えられます。作品の前に集まってもらい、感想を言ってもらうというのもいいかもしれません。
それと…、あ！　いいこと思い付きました。活動の様子を写真やビデオに撮って、見てもらうっていうのはどうですか？

ミサキ：それ、いいですね。実際の子供たちの活動を見てもらって、こういうねらいがあって、こういう資質・能力を育成する授業だと伝えれば、その視点で子供の活動や作品を見てもらえるようになるかもしれませんね。

サクラ：いいわね。私は言葉で伝えることだけ考えていたけれども、映像だと一目でわかってもらえるものね。やっぱりみんなで話すといい考えが浮かぶわね。じゃあ、次の題材でやってみましょうか。

ミサキ：でも、私、写真やビデオを撮る余裕がないです。

サクラ：そうよね。それより、指導が大事ですからね。余裕があったらということにしましょう。もし空き時間だったら、私が撮ってあげられるかもしれないわ。ビデオカメラは私が用意しておくわ。

ユウキ：デジタルカメラでも、タブレットでも撮れますよ。

サクラ：そうなの？　ＩＣＴの活用も、二人に教えてもらわなくちゃ。

ポイント

保護者に子供の活動の意味や価値を感じてもらう方法は様々にあります。

それぞれの学校や子供の実態に合わせて、その方法を考えることが大切です。

子供の資質・能力は、活動の過程に発揮されます。結果としての作品から見えることも多いのですが、保護者にはやはり過程を見てもらうことが一番でしょう。授業参観ではない子供の姿が見られるのは、保護者としても嬉しいものです。

全員が出席しているとき、意欲的に活動しているときなど、配慮は必要になりますが、やってみるとよいでしょう。

しかし、どんなときでもねらいが明確で、授業が成立していることが大切です。

先生がビデオや写真を撮ることに夢中になって、指導をしていないなど本末転倒にならないようにすることが大切です。

様々なことにアンテナを張って、創意工夫して、授業を考えてきた三人。

最近では、この子供の姿をどのように伝えるかということまで考えるようになってきました。

保護者会で子供の活動の意味や価値を伝えられたらいいですね。

きっとうまくいきますよ。

第 8 章

子供もわくわく，教師もわくわく

子供の姿から語り合おう

三月です。

あっという間に一年が終わろうとしています。

三人の先生は、この一年間の子供の姿から、子供の成長を語り合っています。

ユウキ：実は一学期はね、早く活動を終わらせたいような様子で、「もうこれでいいですか」って確認しに来る子供が多かったんですよ。僕の押し付けが強すぎたんだと思います。鑑賞の時間も、正解を言わなければという雰囲気があったみたいで、発言が少なかったんです。

でも最近は、「できた！」「見て、見て」って僕にだけではなく、子供同士で見せ合っている場面もよく見かけるようになりました。

ミサキ：私はまだまだなんですけど、授業の準備をちゃんとしているおかげで、前より落ち着いて指導できているからか、子供が集中する時間が増えてきたように感じます。

サクラ：私は、「だいたいこういう感じで」と、経験に頼ってきたところがあったんだけど、「こんなこともできるかもしれない」と思うようになったわ。そうしたら授業中、子供も同じように「こんなことしたらどうだろう」と創造性を発揮するようになったのよ。これには驚いたわ。夢中になって活動する姿もよく目にするようになったし。

ユウキ：学級の子供全員が夢中になって活動しているとき、本当に幸せな気持ちになりますよね。最近は、「休み時間だよ」と言ってもやめないですからね。

ミサキ：夢中になっているときって、時間を忘れてますよね。そういうときって、子供が思い切り自分のもっている力を発揮しているんでしょうね。

ユウキ：子供の様子を見ていると、発想や構想をして、そしてやってみて、その間に、自分の作品も友達の作品も見て感じ取って、そして「あ、そうだ」とか「いいこと思い付いた」なんて言ってまた活動に戻っていく感じですよね。自分で発想や構想、技能、鑑賞を行ったり来たりさせて、まわしている感じがします。こういう感じ、今までの自分の授業にはなかったなあ。

サクラ：そういうことができるような題材を設定し、材料や場所などをよく考えたから、五年生の子供全体が変わったんでしょうね。

ユウキ：夢中といえば。造形遊びをしているときに、どんなことができるか言葉で共有する場面を設定することがあるでしょう？　あれって、夢中になっているのに我に返らせてしまう感じが時々するんです。

　ほら、夢中になっていることって、そのとき本人は自覚しないことでしょう？　我に返って、「あ、夢中になっていたんだ」ってわかるじゃないですか。

ミサキ：でも授業としては共有させたい場面もありますよね。

サクラ：だから、いろんな方法で指導をする、様々なやり方があっていいということなのよね。

　私たちが「これはこの方法」と決め付けずに、この子たちにとってどうしたらいいかを、子供の姿をもとに考え続けて、語り合っていくことが大切なんでしょうね。

ポイント

私たちは、子供の姿や作品から、資質・能力が育成されているかを捉え、指導が適切か考えます。さらに、子供が学ぶということを考え、子供が懸命に生きていることを感じます。

考えが途中で変わっていくことも価値があるのだと感じ、それを指導に生かします。自分自身をつくり、つくりかえ、そして新たにつくっていくこと、つくり続けていくことのすばらしさについて考えます。

そして、図画工作科は、生きていくことに深く関わる教科なのだということに気付きます。子供の姿を見る、子供の姿から語り合うということは、とても大切なことなのです。

子供の感想を聞いてみよう

授業改善の手応えを感じているユウキ先生。こんなことをつぶやいています。

ユウキ：題材ごとには振り返りをしているのだけれど、子供たちは、この一年間の自分たちの図画工作での活動のこと、どう思っているのかな。

ミサキ：楽しそうにはしてますけどね。どう思っているんでしょうね。

ユウキ：聞いてみたいよね。みんな、自分のことをしっかり振り返ることもできるような気がするな。

ミサキ：はい。私もそう思います。でも、なんだかドキドキしますね。

サクラ：図画工作最後の授業の日に、子供に簡単な文を書いてもらうことにしましょうか。どんなことを聞くのかは、それぞれ考えるというのはどうですか。

ユウキ：なんて聞こうかな。考えてみます。

ミサキ：やってみます。

後日。

ミサキ：聞いて下さい。子供の言葉です。

「図工は苦手だと思ってたけれど、やってみたらできた。図工の時間が楽しみになった。絵をかくのが好きになった」

ユウキ：いい言葉だなあ。ミサキ先生は、なんて聞いたのですか？

ミサキ：あんまり思い付かなかったので、「感想書いて」って言っちゃいました。だから、「楽しかった」、「面白かった」とだけ書いた子供もいました。まあ、楽しいことはいいことなんですけど。もう少しいい聞き方ができたのではないかと思います。ユウキ先生はなんて聞いたんですか？

ユウキ：僕は「五年生の図画工作でできるようになったことはどんなことですか」って聞いてみたよ。子供は、自分のことよくわかっているなあって感じたよ。例えば、

「いろいろなアイデアを出せるようになった。釘がまっすぐ打てるようになった。失敗しても、やり直そうって思えるようになった。一回つくったものを、もう一回見て、ここ変えた方がいいなあって気付くようになった。友達の作品を見て、いいところを見付けることができるようになった」もう、僕、感激しましたよ。

ミサキ：そうか、そういうふうに聞けば具体的に答えてくれるんですね。サクラ先生はどんなふうに聞いたのですか？

サクラ：私は「図工の時間はどういう時間でしたか」って聞いてみたの。そうしたら、

「友達と仲良くなれる時間。つくったりかいたりするだけではなく、感じ取ることもできるようになる時間。形や色にこだわる時間。つくる楽しさを実感する時間。協力することを学べる時間」っていうのもあったわ。学級の目標の「協力」にも、大きく影響していることがわかったわ。

ミサキ：ああ、すてきですね。子供たち、ありがとうって感じですね。

ユウキ：本当に、子供っていろんなことを感じながら学んでいるんですね。

ミサキ：そして、聞き方一つでずいぶん違うってこともわかりました。

サクラ：うふふ。まあこれもいろいろやってみるといいんだと思うわ。

子供の様子や言葉から私たちは元気をもらうわね。

ポイント

それぞれの時間や、題材ごとに振り返りはしていると思いますが、こうして、一年間の学習について振り返ることをやっている先生方もいます。三人の先生方のように、文章を書くことによって振り返る方法はどの学校でもできそうですね。その際、どのような言葉で振り返ることを伝えるのかを、子供の実態と期待している振り返りを照らし合わせて、じっくり考えるとよいでしょう。「終わり」は、次の「始まり」につながっています。五年生での振り返りは、六年生の始まりにつながっているのです。

しかし、それぞれの学年に適した方法があると思います。一年間の作品をとっておき、それを見ながら振り返るようにしている先生もいますし、作品や活動を写真に撮ってファイルにまとめておき、それを振り返りのときに活用している先生もいます。

子供たちが自分の成長を感じられるような、そんな振り返りを考えてみてはいかがでしょうか。

教師もわくわくして図画工作に取り組もう

サクラ：それにしても、ミサキ先生とユウキ先生、この一年よくやったわね。

という私も、けっこう張り切ってやっていたのよ。

「これまでもこんな感じでできたから、これでいいや」と思うことはやめて、私も授業をいろいろ考えて工夫したの。

二人のおかげで、まだまだできる、これからも私は成長できるって感じた一年だったわ。

ミサキ：私は、教えてもらうことばかりでした。

ちゃんと準備したり、何かあったときに立ち止まって考えたりするのは大変だなと思うときもありましたけど、でもこれが子供の図画工作へのわくわくにつながっていったんだと思います。

それから、子供の姿をよく見ていると、図画工作科で身に付けた資質・能力を様々な場面で生かしているんですよ。
だから、私も、図画工作科を通して身に付けた教師としての資質・能力を生かしたいと思っています。図画工作科だけではなく、他の教科等にもしっかり取り組みたいです。

ユウキ：僕も、先生方からたくさんのことを学びました。四月に「得意だから教えてあげよう」なんて言っていたんですよ、僕。
僕の専門性を生かすことは大切だけど、子供から、そして先生方から学ぶことは、ほんとにたくさんある。そのことを四月の僕に教えたいです。
やっぱり、一人で考えるよりも、みんなで考えた方がいいアイデアが浮かびますよね。これも子供のわくわくにつながっています。

サクラ：それはほんとにそうね。

ミサキ：それ、しみじみ感じてます。

ユウキ：僕は、来年度は、僕のもっている材料や用具に関する知識を、学校全体のためになるように、何か研修会をもてたらと思っています。

それから、ミサキ先生もおっしゃっていましたが、子供が図画工作で身に付けた資質・能力を他教科で活用している姿についても捉えられたらと思っています。

ミサキ：そう、そう。

私はどこの学年をもっても、四月にはその学年の学習指導要領をチェックしてから、最初の題材について考えまーす。ね、ユウキ先生。

ユウキ：あはは。それ、なつかしい、そうだったね。そこから始まった一年だったんだよね。

僕もそうします。

サクラ：頼もしいわね。そして、なんだかわくわくしてくるわ。

私は、来年度は、他の学年の先生とも、今年度みたいに子供の姿をもとに語り合うことができたらいいと思っているのよ。

学校全体で、子供を育てるという意識をもてたらいいなあと思っているの。そのきっかけに図画工作を位置付けられたらなあって。

ユウキ：それいいですね。

子供の活動や作品の話をみんなでしましょう。

そうだ、今度他の先生も誘って、美術館に行ってみませんか?

おわりに

本書では、ミサキ先生、ユウキ先生、サクラ先生に登場してもらい、三人の話を追うことで、図画工作科の授業づくりに迫ってみました。

この三人の先生にはモデルがいるわけではありません。書いているうちに、だんだんとキャラクターが立ち上がっていきました。読み返してみると、どこかこれまでの自分に重なる部分があるように感じています。

怖いもの知らずで、まあどうにかなるだろうと楽天的な気持ちでいた若い頃。

美術の専門家だという意識もどこかにもっていて、教えてあげようという気持ちが強く、今から思えば、自分の表したい表現を子供にさせていた頃。

そして、ある程度どのようにすれば子供が活動するかがわかるようになり、新しいことにチャレンジする気持ちが薄くなってしまった頃。

思い出すと恥ずかしくなることばかりです。

しかし、私の周りには、あたたかく声をかけて下さる、課題を示唆して下さる方がいつもいました。図画工作科を専門とする先生方はもちろんのこと、同じ学校の先生方、保護者の方、地域の方などです。その方々に話を聞いてもらい、そして多くのことを学びました。私よりずっと経験の浅い先生の話を聞く中でも、はっとして考え直すことも多々ありました。

それは今の仕事になっても変わりはありません。

子供は様々な出来事を通して成長します。そこでは人と人との関わりが重要です。教師も人と人との関わりを通して、教師として成長していきます。

本書が、図画工作科の授業づくり、そして、教師としての成長のきっかけとなれば、それはとてもうれしいことです。

二〇一八年七月

岡田　京子

【著者紹介】
岡田　京子（おかだ　きょうこ）
国立教育政策研究所教育課程研究センター教育課程調査官
文部科学省初等中等教育局教育課程課教科調査官

東京都公立小学校教諭，主任教諭を経て，平成23年より現職。
平成20年告示小学校学習指導要領解説図画工作編作成協力者。
平成29年告示小学校学習指導要領作成に携わる。

本文イラスト・カバーデザイン　松田美沙子

世界一わかりやすい！
会話形式で学ぶ，図画工作科の授業づくり

2018年9月初版第1刷刊 ©著　者 岡　田　京　子
発行者 藤　原　光　政
発行所 明治図書出版株式会社
http://www.meijitosho.co.jp
（企画・校正）小松由梨香
〒114-0023　東京都北区滝野川7-46-1
振替00160-5-151318　電話03(5907)6701
ご注文窓口　電話03(5907)6668

＊検印省略　組版所 株式会社カシヨ

Printed in Japan　ISBN978-4-18-163819-1